Neutralidad administrativa

Neutralidad administrativa

Alicia Villaseca Ballescá

Atelier
LIBROS JURÍDICOS

© 2024 Alicia Villaseca Ballescá
© 2024 Atelier
   Santa Dorotea 8, 08004 Barcelona
   e-mail: editorial@atelierlibros.es
   www.atelierlibrosjuridicos.com
   Tel. 93 295 45 60

I.S.B.N.: 978-84-10174-40-5
Depósito legal: B 7327-2024

A Carlos, mi marido.

SUMARIO

Introducción

La neutralidad de la Administración, la neutralidad de las instituciones públicas, ha sido una cuestión mentada con frecuencia en los últimos años pero, sin embargo y sorprendentemente, poco analizada. Son escasos los artículos u obras doctrinales que abordan este tema y, la mayor parte de las veces, cuando lo hacen se trata de reflexiones sucintas y tangenciales, fruto del estudio de otra materia limítrofe, próxima pero distinta de la neutralidad administrativa propiamente dicha.

Comenzaremos este trabajo con la pregunta de ¿qué es la neutralidad? ¿Es una categoría huera, blanca, aséptica? ¿Una aporía? ¿O es un término que, inevitablemente, está dotado de un contenido, de una sustancia a través de la cual, es? Respondida esta interrogación estudiaremos el lugar que ocupa lo neutral; el espacio que le reservamos al observar y calificar la realidad.

De esta forma, en el primer capítulo, nos aproximaremos a algunos símbolos, abstracciones o tesis que distintas corrientes de pensamiento o, simplemente, la mayor parte de las personas han percibido como neutrales en determinados momentos de la historia. Debo advertir que este primer pasaje no finalizará con una descripción unívoca y definitiva de qué es neutral desde la filosofía del derecho o desde la filosofía política; lo neutral se reescribe permanentemente con arreglo a lo ampliamente reconocido.

En el segundo capítulo examinaremos la neutralidad a la luz del ordenamiento jurídico y, específicamente, la neutralidad de la Administración. Nos detendremos en los distintos significados que se han atribuido a esta noción, el correlativo anclaje de cada postura en el articulado de la Carta Magna y, asimismo, su reflejo legal y jurisprudencial.

Trataremos también de esclarecer si es posible deslindar el Gobierno de la Administración; para ello emplearemos diversos métodos que nos permitan o, cuando menos, nos ayuden a delinear esta frontera. En el curso de este ejercicio de separación o de distinción toparemos con conceptos y controversias clásicas del derecho administrativo: la existencia y extensión de los actos políticos, su diferencia con respecto a los actos administrativos discrecionales, el control de unos y otros, los conceptos jurídicos indeterminados o la desviación de poder.

El tercer capítulo está dedicado al universo de lo simbólico, los elementos que lo conforman, su misión, sus potencialidades. Evaluaremos la normativa vigente en materia de símbolos oficiales y analizaremos algunas de las contiendas judiciales que han tenido lugar en relación con su colocación en espacios institucionales. Por último, prestaremos atención a los símbolos no oficiales, haciendo especial hincapié en dos de ellos que, en los últimos años y por razones bien diferentes, han abierto cierto debate tanto jurídico como social.

Capítulo Primero

Una primera aproximación al concepto de neutralidad desde la filosofía política y del derecho

El Diccionario de la Real Academia de la Lengua Española define «neutral» como aquel *que no participa de ninguna de las opciones en conflicto*. De la descripción antedicha se infieren dos extremos:

1º. El adjetivo «neutral» es intrínsecamente relacional desde el punto y hora en que opera, necesariamente, por contraste con otros.

2º. Lo que distingue lo neutro del resto es la no intervención en la contienda. Por lo tanto, la neutralidad no es equidistancia, no se ubica en un punto intermedio entre los polos en disputa; sencillamente, no participa. La instancia neutral no se siente interpelada por la controversia, no se siente inmiscuida en las posturas en liza porque, por diversas razones, no navega en la misma frecuencia que los contendientes.

Esa no participación puede responder a dos circunstancias radicalmente opuestas: el neutral puede ser un tercer observador indiferente o, por el contrario, puede tratarse de una posición imperante comprometida con ciertos valores.

El tercer observador será el sujeto sin inclinación en el conflicto, a quien el combate le resulte por completo ajeno al carecer de todo interés en él. Cabe decir que en el terreno de la convivencia colectiva difícilmente podrá hablarse de terceros convidados de piedra. La coexistencia en comunidad descarta que los coexistentes puedan ser tildados de extraños indiferentes al contencioso. La figura de la posición imperante se corresponde con aquellos principios fundantes que en un determinado contexto histórico y geográfico adquieren centralidad, siendo ampliamente reconocidos como fuente de la que legítimamente emana el poder. Se trata, por consiguiente, de una postura comprometida con ciertos valores que, por distintas circunstancias, es privilegiada frente a las restantes. En este caso la actitud neutral no participa de las opciones encontradas porque, simplemente, no lo precisa al gozar de una posición dominante.

Desde esta segunda perspectiva la neutralidad no equivaldría a la abstención, no encerraría una categoría huérfana de todo contenido; antes bien, lo neutro serían aquellos paradigmas de una centralidad tal que serían tomados como punto de referencia general, como base para el contraste con todo lo demás. Lo neutro sería lo comúnmente asimilado, el arquetipo desde el que calificar o definir el resto.

Dicho esto, es de ver que la historia se escribe por la sucesión de los puntos cardinales que, en cada momento, definen la neutralidad. La humanidad aprehende ciertos axiomas con arreglo a los cuales se disciplina para, tiempo después, desprenderse de ellos y sustituirlos por otros.

Examinaremos, a continuación, este recorrido histórico que parte de la consideración del Monarca como poder definitorio, como referencia esencial en tanto que enlace, como veremos, entre lo divino y lo terrenal. En origen, por lo tanto, la neutralidad se ancla en el exterior de la persona y de la colectividad, en aquello que la trasciende y la supera.

El abandono del fundamento teológico medieval conforma el punto de inflexión hacia la modernidad. La secularización libera el espacio que justifica la legitimidad del poder, quedando éste al alcance del ser humano[1]. El discurrir del siglo XX muestra un vaivén entre el individuo y la nación como ocupantes transitorios del privilegiado pedestal de lo central. La intensidad del siglo que precede desembocará en una posmodernidad conciliadora. Unos ofrecerán un vacío neutral pero, a su vez, extraordinariamente inquietante por su carácter líquido y frágil. Otros propondrán una patria que invita al diálogo ciudadano, a una experiencia cuyo desenlace es el consenso neutral.

I. EL MONARCA

La realeza primigenia nace de la intuición de que ciertos mortales heredan el gobierno de los dioses, siendo que este binomio monarquía-divinidad se ha replicado *en los pueblos más diversos, desconectados entre sí y religiosamente heterogéneos*[2]. Como señala Gambra, *la monarquía ha sido el régimen político de las sociedades religiosas, y de todas, en sus orígenes*[3].

La «doctrina de los dos cuerpos» es un claro ejemplo de esa íntima ligazón de la que hablamos entre Corona y religión puesto que implica nada menos que trasladar a la figura del Rey conceptos genuinamente teológicos; en concreto, la doble naturaleza de la persona de Cristo[4]. De esta forma, la aludida doctrina partió de la confluencia en la persona del Rey de dos cuerpos: el natural y el político. El primero se identificaba con

---

1.   GAUCHET, M., *Le désenchantement du monde. Une histoire politique de la religión*, Paris, Gallimard, 1985.

BÖCKENFÖRDE, E. W., *La formazione dello Stato come proceso di secolarizzazione*, Morcelliana, 2006.

2.   GARCÍA MERCADAL y GARCÍA-LOYGORRI. F, *Los símbolos políticos, el ceremonial y las distinciones oficiales del Reino de España*, Dykinson, p.84.

3.   GAMBRA, R. *La monarquía social y representativa en el pensamiento tradicional*, Rialp 1954, pp.138.

4.   GARCÍA PELAYO, M. *Mitos y símbolos políticos*, Taurus Ediciones S.A. 1964, p.153.

el cuerpo mortal, aquejado de enfermedades, susceptible de ser arrastrado por las pasiones, perfectible como el de las demás gentes. Era, en resumidas cuentas, el cuerpo del ser humano. En cambio, el cuerpo político gozaba de la eternidad de lo divino, de lo trascendente, de lo infinito y representaba al pueblo. De este modo, el Rey encarnaba el físico colectivo de la nación bajo el signo espiritual del mensaje religioso, garantizando su integridad. La legitimidad última del orden establecido era, nada menos, que Dios y, ciertamente, ¿a qué apelar por encima de la divinidad?

El Monarca, pues, era la muestra viva de la institución perenne de la Corona, superviviente a la figura del Rey-hombre como cuerpo natural contingente o sujeto transitorio[5]. El hombre no era sino una *realidad física y visible portadora de las significaciones invisibles de la realeza inmortal*[6]; un símbolo de primer orden que ejemplificaba la pervivencia del Estado y que, además, iba acompañado del aroma legendario de la historia.

En sus inicios, el príncipe se erigió en mediador entre los dioses y el ser humano para, una vez secularizada la actividad política, alzarse en intercesor *entre los hombres y las instancias trascendentes de la justicia soberana y la razón soberana*[7][8]. Y es que, ciertamente, la revolución francesa de 1789 y el terror de la república jacobina dieron término al orden feudal y, al fin, al Antiguo Régimen pero, sin embargo, la monarquía sobrevivió dotándose de un nuevo ropaje, adaptándose a la nueva situación. De esta forma, la Corona concilió su existencia con un reparto institucional de funciones y con un gobierno responsable ante las cámaras, depositarias de la soberanía nacio-

---

5. De ahí la expresión clásica de «*le roi est mort, vive le roi*».

6. GARCÍA PELAYO, M. ob. cit., p.153.

7. GARCÍA MERCADAL y GARCÍA-LOYGORRI, F., ob. cit. p.85.

8. Obsérvese que, aún hoy, en nuestra propia Constitución, la justicia «*se administra en nombre del Rey*» (art.117.1CE) y es a éste a quien corresponde ejercer, siquiera formalmente, el derecho de gracia (art.62.i CE) siendo esta prerrogativa «*real*» (art.102.3CE).

nal[9]. Así las cosas, las monarquías contemporáneas fueron despojadas de su fuerza política pero retuvieron su poder simbólico erigiéndose en muestra viva de la continuidad histórica del Estado.

En esta línea, Benjamin Constant, inspirado en el sistema constitucional inglés, desarrolló su tesis del Monarca como poder neutro y moderador, distinguiendo en el seno del poder ejecutivo entre el «poder ministerial» y el «poder regio»[10]. Con arreglo al criterio de este pensador, en los Ministros debía residir la dirección política, el mando de la Administración Pública y el ejercicio de la potestad reglamentaria. A ellos correspondía también proponer leyes al Parlamento. Frente al Parlamento y al Gobierno ante él responsable, el Monarca debía encarnar la unidad y permanencia del Estado soberano[11]. El Rey gozaba, así, de un poder que, sin implicar en principio gobierno efectivo, le otorgaba una facultad de reserva, a ejercitar en casos de graves crisis o en momentos institucionalmente delicados[12].

De este deslinde también se hizo eco el publicista inglés Walter Bagehot el cual, en su obra *The English Constitution*, diferenció las *dignifies parts* de las *efficient parts* u órganos que sí ejercían funciones efectivas en la práctica a la hora de trazar la dirección política del Estado.

Como consecuencia de lo anterior, el Rey debía elevarse por encima de los agentes políticos pues, de lo contrario, de inmiscuirse en la política ordinaria, perdería el perfil arbitral y mo-

9. GARCÍA MERCADAL y GARCÍA-LOYGORRI, F., ob. cit., p. 89.

10. Véase, CONSTANT, B., *Una Constitución para la República de los Modernos* (Fragmentos de una obra abandonada sobre la posibilidad de una Constitución Republicana en un gran país), Madrid, 2013, en especial, p. 77. Resulta particularmente valioso para el tema que tratamos el extenso estudio del profesor Eloy García, reputado especialista en la obra del autor suizo.

11. VARELA SUANZES, J. «La monarquía en el pensamiento de Benjamin Constant (Inglaterra como modelo)». *Revista del Centro de Estudios Constitucionales* n° 10 Septiembre-Diciembre 1991, p. 124.

12. PÉREZ ALONSO, J. *«La monarquía en la historia constitucional europea. Una reflexión y siete estudios».* In Itinere Editorial Digital (2019), p.80.

derador que a él le era reservado, desvelándose como un simple actor político más[13]. La Corona, en suma, debía revelarse como una fuerza simbólica cuyas facultades consistían en ser informado, prevenir y animar.

Constant situó al Rey por encima de los demás poderes con el objeto de sustraer su figura de toda responsabilidad directa en cualesquiera diatribas políticas. La intención no era debilitar la autoridad regia sino fortalecerla, haciéndola inviolable y presentándola como superior a las pasiones y tensiones inherentes de la vida política[14].

II. EL INDIVIDUO

La neutralidad ocupa un lugar central en la teoría política liberal por cuanto propone como idea elemental que el Estado no debe tomar partido por una de las concepciones del bien de entre las múltiples a las que pueden adherirse sus ciudadanos. De esta forma, *las instituciones que conforman la estructura básica de la sociedad no deben estar diseñadas con el propósito de favorecer concepciones morales particulares*[15].

Así las cosas, el Estado no debe posicionarse con respecto a qué formas de vida son meritorias y cuáles no lo son; no debe, en definitiva, comprometerse con cierto esquema vital por asignarle mayor valor intrínseco. Lo anterior implica que la acción política no puede sustentarse en una jerarquización cualitativa sino que, lejos de ello, la sociedad política debe ser un

---

13. El Rey no puede «*entrar jamás en la condición común*», debe configurarse como un ser «*inaccesible a todas las pasiones que esta condición hace nacer y a todas aquellas que la perspectiva de volverse a hallar en ella sustenta necesariamente en el corazón de los agentes investidos de un poder momentáneo*»; VARELA SUANZES, J.; ob. cit., p.124.

14. MORANGE, C. *En los orígenes del moderantismo decimonónico. El censor (1820-1822): promotores, doctrina e índice*. Ediciones Universidad Salamanca (2019), p. 8836.

15. GARRETA LECLERQ, M. Neutralidad estatal, perfeccionismo indirecto y falibilismo moral. *Dianoia*, Volumen LI, n°56. p. 34.

marco neutral en el que los individuos dibujen y persigan libremente sus más íntimas aspiraciones[16].

Así, la neutralidad liberal —presidida por la libertad de elección como medio esencial para el florecimiento personal— colisiona con las denominadas tesis «perfeccionistas» para las cuales es dable distinguir una forma de vida superior al resto, sin que la política pueda inhibirse en las cuestiones relativas al bien[17].

Dicho lo cual, para que la política liberal cumpla con su misión —consistente en permitir a la persona desarrollar su propio proyecto vital y perseguir su más profunda idea del bien— resulta imprescindible consolidar una serie de principios de justicia sobre los que se cimienta la sociedad liberal. De esta forma, la neutralidad se asienta sobre una máxima de igualdad en el despliegue del plan personal de cada cual que reclama una distribución imparcial de los recursos sociales. Pero, ¿qué debemos entender exactamente por imparcial? Existen, en este sentido, dos posibilidades: la denominada neutralidad en los resultados y la llamada neutralidad en las razones.

La primera encierra una equidistribución de bienes y oportunidades, esto es, un reparto absolutamente simétrico de los recursos. La neutralidad en los resultados supone, por lo tanto,

---

16. Melero De La Torre, M. C. *Rawls y la sociedad liberal*. Plaza y Valdés Editores (2010), p.22.

17. Conviene no desconocer, empero, que la idea de neutralidad liberal del primer constitucionalismo no es sino una concreción ideológica de las ambiciones de una clase social; la cristalización, en definitiva, de los intereses de la burguesía. La clave, en este marco, reside en la idea de sufragio censitario, restringido al individuo varón y propietario, pues de él se deduce que la racionalidad y, por consiguiente, la neutralidad es un patrimonio a él reservado.

Este es, en buena medida, el punto de partida de la crítica marxista a las revoluciones liberales, que llega hasta hoy, aunque en la actualidad la parcialidad del primer constitucionalismo también es señalada desde corrientes comunitaristas, que subrayan la exclusión de colectivos por razón étnica, de género, etc.

Aunque la cuestión invita a un estudio en mayor profundidad no es este el objetivo de la presente obra. Valga, en todo caso, dejar anotada aquí la existencia de las objeciones señaladas.

que cualquier acción política que promueva alguna concepción del bien debe acompañarse de las medidas precisas para asegurar igual satisfacción de todas las demás[18]. El problema esencial de este tipo de neutralidad reside en que pone el foco en el término «satisfacción», que no es una variable homogénea ni estable para todas las personas; mas al contrario, es subjetiva, móvil y difícilmente medible. Así es: no todas las personas valoran de igual forma su satisfacción[19], no todas son portadoras de deseos inmutables, antes bien, lo más frecuente es que el ser humano evolucione y, con ello, sus fines y sus metas. En resumidas cuentas: *situar a todos los individuos en una misma escala de satisfacción no puede ser neutral entre sus concepciones del bien*[20].

Es de ver, asimismo, una segunda objeción a la tesis expuesta; no es posible definir una concepción del bien sin tener en mente un determinado destino vital y resulta imposible diseñar un proyecto personal desconociendo los medios de los que se va a disponer. En otras palabras, las personas adaptan sus formas de vida a los recursos con los que cuentan y carece de sentido pedirles que formen sus concepciones del bien antes de conocer los recursos de los que podrán disponer. La escala moral personal, en síntesis, tiene un componente situacional.

Existe, como avanzábamos, una segunda acepción de neutralidad: la de las razones o los propósitos. Esta otra alternativa implica que el poder político debe ejercerse bajo una suerte de miopía institucional en lo tocante a la verdad o falsedad de los ideales morales o concepciones del bien.

Así las cosas, las personas tendrán derecho a ser tratadas como iguales sin que ello signifique que tengan derecho a una idéntica distribución de bienes u oportunidades, sino que tie-

---

18. Melero De La Torre, M .C., ob. cit. pp.23.

19. Para algunos sujetos la satisfacción de sus deseos es de gran importancia y, por ello, se marcan metas fácilmente alcanzables. Para otros individuos, en cambio, resulta más valioso el proceso mismo de luchar por sus objetivos de suerte que los sitúan más lejos de forma consciente.

20. Melero De La Torre, M .C., ob. cit. pp.23 y 24.

nen derecho a igual consideración y respeto en la determinación de los principios por los que han de regirse las instituciones básicas de la sociedad. La neutralidad, por lo tanto, no será de resultados sino de procedimientos; la igualdad no será de trato sino de tratamiento y la decisión política podrá calificarse de neutral cuando sea susceptible de ser justificada sin apelar a la superioridad de una concepción particular de la buena vida. La versión de la neutralidad que venimos de exponer ha sido también llamada de «exclusión de los ideales» y sumerge sus raíces en un hondo antiperfeccionismo que percibe como intolerable el paternalismo por el que los ciudadanos son concebidos como menores de edad, como meros receptores pasivos de los dictámenes políticos que deben descubrirles de dónde emana su propia felicidad.

De la misma forma, esta doctrina se sustenta en el rechazo al dogmatismo, se aparta de la visión teológica de la política y reconoce la falibilidad humana. Las personas razonables y racionales en el curso de un ejercicio lógico-discursivo pueden topar con óbices, con cargas de juicio. Dichas cargas no son sino factores epistemológicos tales como la complejidad de la evidencia, la indeterminación de los conceptos abstractos, nuestras diferentes experiencias o el peso relativo que damos a las consideraciones relevantes; de estos obstáculos en el razonamiento humano nace la divergencia de criterio entre individuos, los también llamados desacuerdos razonables[21].

Ahora bien, si asumimos que como consecuencia de las cargas de juicio existen distintas concepciones del bien habrá que encontrar, inevitablemente, un terreno común que permita la convivencia. Son varios los cauces ofrecidos en este sentido dentro de la teoría liberal.

Charles Larmore apela, por su parte, a la «norma del diálogo racional» en virtud de la cual al discutir sobre cómo solventar algún problema *las personas deben afrontar los puntos de des-*

---

21. RAWLS, J. *Liberalismo político*. Fondo de cultura económica, México 1995, p. 82.

acuerdo retirándose a un terreno neutral, a las creencias que aún comparten con el objeto de a) resolver el desacuerdo y defender una de las posiciones en conflicto mediante argumentos que proceden de ese terreno común, b) evitar el desacuerdo y buscar una solución al problema sobre la sola base de ese terreno común[22].

Este criterio significa que en el seno de la discusión pública los ciudadanos deberán tratar de atraer hacia su concepción del bien a los discrepantes invocando, exclusivamente, creencias previamente compartidas. Si tras esta operación persiste el desacuerdo, los contendientes deberán rescatar las convicciones originarias coincidentes y tomar una decisión conforme a ellas. Obsérvese que lo ofrecido por Larmore se limita a un mero *modus vivendi* que renuncia a un genuino acuerdo de fondo; se trata, dicho de otro modo, de una acomodación práctica que permite unos principios comunes, por muy precarios que estos puedan ser. Asimismo, esta teoría va acompañada de un segundo ingrediente: «la norma de respeto mutuo»; de ella surge el deber sinalagmático entre interlocutores de ofrecerse una explicación racional, una justificación de su propia toma de posición.

Bruce Ackerman apuesta por un diálogo liberal en el que se impone una restricción conversacional. La constricción aludida conduce a los ciudadanos a abstraerse de los aspectos controvertidos de sus concepciones del bien. Se sugiere, dicho muy sucintamente, rehuir la polémica en el ámbito público, abstenerse de debatir dichas discrepancias en este escenario para reconducirlas a contextos estrictamente privados. De ese diálogo público circunscrito a lo relativamente pacífico deben resultar premisas normativas razonables para los participantes que conformarán un consenso mínimo pero nuclear[23].

---

22. LARMORE, CH. *The morals of Modernity*. Cambridge University Press 1996, p.135.
23. ACKERMAN, B. «Why dialogue?», *The journal of Philosophy*. Vol. LXXXVI. No.1, January 1989, p.16-17.

Por último, Rawls entiende que la neutralidad en las razones de la acción política no puede fundarse en reglas meramente procedimentales (tal como proponen las tesis de los dos autores antes analizados) sino que, bien al contrario, exige de unos principios de justicia sustantivos. Se afirma, de esta forma, que sin desconocer la eventualidad del desacuerdo razonable, existe un espacio compartido que se identifica, justamente, con la esencia de una sociedad democrática. La idea de «razón pública» —que alude a la obligación ética de no usar en el debate público argumentos vinculados a nociones omnicomprensivas de la realidad, de tal forma que las razones esgrimidas puedan ser comprendidas aunque no necesariamente compartidas— se inscribe igualmente dentro esa idea de neutralidad que vertebra el liberalismo político de Rawls[24].

El mismo autor identifica los dos siguientes principios que, entiende, serían secundados por la generalidad en una hipotética posición original condicionada por el velo de la ignorancia[25]:

a) El de igualdad, en virtud del cual todos poseen igualmente libertades fundamentales y estas solamente se pueden restringir si su minoración puntual fortalece las libertades de todos.

b) El de la diferencia, con arreglo al cual la desigualdad social y económica se permite únicamente si va a beneficiar a los

---

https://digitalcommons.law.yale.edu/cgi/viewcontent.cgi?article=1141& context=fss_papers

24. RAWLS, J., The Idea of Public Reason Revisited. *The University of Chicago Law Review*. 64, 1997.

25. El desconocimiento de la propia identidad replicaría el razonamiento individual, en un intento de salvaguardar la propia posición futura, resultando, de ello, unos principios de justicia coincidentes.

más desfavorecidos y si ha surgido de la igualdad de oportunidades[26].

Se admite, por consiguiente, la inexistencia de una igualdad absoluta siempre y cuando las cargas y beneficios dimanantes de la misma sean objeto de redistribución social. Este enfoque no desplaza ni arrincona las creencias controvertidas sino que las mismas encuentran abrigo en los principios de justicia compartidos desde el punto y hora en que éstos podrán ser considerados como un axioma comprensivo de un vastísimo abanico moral o ético. Este suelo neutral y común es concebido como un «consenso entretejido o traslapado»[27].

---

26. RAWLS, J. *Teoría de la Justicia*. Fondo de cultura económica, México 1979, p.76:

«(...) Primero: cada persona ha de tener un derecho igual al esquema más extenso de libertades básicas que sea compatible con un esquema semejante de libertades para los demás.

Segundo: Las desigualdades sociales y económicas habrán de ser conformadas de modo tal que:

a) Se espera razonablemente que sean ventajosas para todos.

b)Se vinculen a empleos y cargos accesibles para todos.»

RAWLS, J. *Liberalismo político*. Fondo de cultura económica, México 1995, p. 32:

a.- Cada persona tiene igual derecho a exigir un esquema de derechos y libertades básicos e igualitarios completamente apropiado, esquema que sea compatible con el mismo esquema para todos; y en este esquema, las libertades políticas iguales, y sólo esas libertades, tienen que ser garantizadas en su valor justo.

b.- Las desigualdades sociales y económicas sólo se justifican por dos condiciones: en primer lugar, estarán relacionadas con puestos y cargos abiertos a todos, en condiciones de justa igualdad de oportunidades; en segundo lugar, estas posiciones y estos cargos deberán ejercerse en el máximo beneficio de los integrantes de la sociedad menos privilegiados.

27. RAWLS, J. *Teoría de la Justicia*. Fondo de cultura económica, México 1979, p.423.

RAWLS, J. *Liberalismo político*. Fondo de cultura económica, México 1995, p. 56,57 y 63.

III. EL ESTADO NACIÓN

La teoría de Schmitt se presenta como una crítica al liberalismo y sus instituciones, a las que considera responsables de un vaciamiento de lo público. El jurista alemán lo percibe como un pensamiento jurídico débil asociado a la neutralidad económica y al imperio de la técnica que, mediante una erosión continuada, ha terminado por liquidar la soberanía estatal en pro de poderes partidistas[28]. Este autor se propone, por lo tanto, sustanciar la política y abandonar la visión del Estado como una construcción jurídica vacua.

El contenido, peso o consistencia que pretende conferir pasa por la superación del desorden que la pluralidad, que la diversidad de grupos y facciones trae consigo, alumbrando una unidad racional o poder unívoco aniquilante de todo poder indirecto[29]. Ahí reside el genuino cometido del poder soberano: la pacificación entendida como fulminación del partidismo anárquico[30]. La homogeneidad deseada pasa, como veremos, por la delimitación de quién debe ser calificado de amigo o de enemigo. Estas dos categorías —que, sin duda, constituyen uno de los ejes de la teoría schmittiana— se caracterizan por ser categorías ónticas, situadas en un orden concreto, y públicas.

Los términos amigo-enemigo tienen un carácter óntico por cuanto están dirigidos a identificar lo colectivo político y social. Las relaciones políticas emergen de un antagonismo fundante que por medio de la identificación del otro, del enemigo,

---

28. Schmitt, C. *El concepto de lo político*. Alianza Editorial, Madrid 1991, p.115 a 122.

Schmitt, C., *Legalidad y legitimidad*. Comares Editorial, Granada 2006, p.109 y 110.

29. Schmitt, C. *El concepto de lo político*. Alianza Editorial, Madrid 1991, p.129.

Schmitt, C., *El Leviatán en la doctrina del Estado de Thomas Hobbes*. Biblioteca de Ética, Filosofía del Derecho y Política. Distribuciones Fontamara S.A. México, 2008, p. 156 y 157.

30. Schmitt, C., *Legalidad y legitimidad*. Comares Editorial, Granada 2006, p.93 a 95.

del extranjero permite reconocer lo propio, el amigo, el compatriota. Este deslinde va acompañado de un movimiento centrípeto, de una contracción o repliegue que aglutina lo político amigo y secciona y deja al descubierto lo extraño, ellos. En otras palabras, la construcción del nosotros germina desde una dimensión negativa, por escisión y destierro de la otredad. Y el enemigo no es, a diferencia de lo que ocurre en el no identitario liberalismo, un simple competidor en el mercado ni un mero oponente dialéctico, el enemigo es el foráneo que encarna la hostilidad y vivifica como posible el combate frente a otro conjunto análogo y contrario. Se contempla pues, sin ambages, la idea de la violencia política, de la lucha armada tanto entre unidades políticas organizadas (guerra) como en el seno de una unidad organizada (guerra civil)[31]. La diferenciación entre el nosotros y el ellos, en definitiva, opera como fuerza de cohesión en pro de la unidad soberana, que legitima expresamente la violencia como arma política.

Las categorías amigo-enemigo, además y como adelantábamos con anterioridad, no son nociones abstractas sino situadas en un orden concreto; no se trata, en resumidas cuentas, de metáforas o ficciones. La sustanciación de lo político impide, precisamente, considerar estas categorías como meras abstracciones o idealizaciones liberales huérfanas de todo sustrato real. Se rehúye de la forma —supuestamente huera— para edificar consciente e intencionadamente desde el fondo.

Por último, la oposición amigo-enemigo debe, necesariamente, ostentar un carácter público (*hostis*) y no privado (*inimicus*)[32].

¿Qué es, entonces, el poder neutral para Schmitt? Desde luego dicho poder se encuentra muy lejos de la neutralidad liberal que califica de mera ambigüedad, indefinición o inconsistencia. El poder neutral es aquel que no solamente detenta

---

31. SCHMITT, C. *El concepto...*, p.63: *los conceptos amigo, enemigo y lucha adquieren un sentido real por el hecho de que están y se mantienen en conexión con la posibilidad real de matar físicamente.*
32. SCHMITT, C. *El concepto...*, p. 59.

la coerción legítima sino que también monopoliza la capacidad decisoria; el sujeto autónomo que se eleva sobre las partes confluyentes en él (*voluntas super partes*). Es el poder soberano absoluto no condicionado en forma alguna: ni por intereses de parte, ni por facciones, ni por grupos sociales; no obstaculizado en su ejercicio de poder[33]. El poder neutral es un poder total frente al cual no existe sujeto político alguno, frente al cual no hay límites a sus decisiones. Es la entidad creadora, representativa y garante de la unidad política que pone fin a la polémica imponiendo el orden. Su rasgo primordial es su potencia decisoria y pacificadora, capaz de aplacar la pluralidad y la fragmentación. El Estado, en un ejercicio de afirmación, neutraliza el conflicto.

El Estado no es, en suma, un mero esqueleto carente de toda materia, no es una actuación mecanizada y aséptica. El poder goza de un contenido real, efectivamente orientado y perfectamente dirigido. Así las cosas, resulta palmario que Schmitt aboga por una neutralidad manifiestamente positiva del Estado ajena, por completo, a la neutralidad negativa liberal. El poder soberano, al fin, es aquel que lo ejerce como tal, sin miramientos y en toda su plenitud, sea para identificar al enemigo, sea en un contexto excepcional, sea en la proclamación de los valores rectores de la sociedad. No en vano, como recuerdan De Miguel y Tajadura, el decisionismo no es sino el modo de pensar el derecho desde una ideología concreta[34] y lo neutral, por paradójico que pudiera parecer, es esa concreta ideología encarnada en el poder soberano.

¿Y cómo nombrar a ese decisor implacable? Pues bien, en el universo schmittiano no hay lugar para la ética liberal de la discusión toda vez que, como veíamos, esta no es sino una fuente de desunión y anarquía. El jurista alemán sugiere una

---

33. Schmitt, C. *El concepto...*, p. 62.
Schmitt, C. *El Leviatán (...)*, p.92.
34. De Miguel Bárcena, J. y Tajadura Tejada, J. *Kelsen versus Schmitt. Política y derecho en la crisis del constitucionalismo*. Guillermo Escolar editor (2018), p.102.

apelación al pueblo, una llamada restringida a un sí o un no, sin posibilidad de deliberar ni de gobernar. La legitimidad parlamentaria es considerada ineficaz y por ello debe ser sustituida por una legitimidad plebiscitaria capaz de designar un gobierno presidencial fuerte por mera aclamación[35]. Adviértase que, en este contexto, la noción «pueblo» responde a un *poder desorganizado y no formado* no reductible a *los casos en que ejerce una actividad organizada legiconstitucionalmente*; el pueblo es una masa amorfa y difusa, un todo opaco que excede de las formas legales de su expresión[36].

En este escenario la lógica y métodos del Estado legislador-parlamentario carecen de todo sentido y, por lo tanto, deben ser sustituidos por otros más acordes con este nuevo esquema de poder. Tal desplazamiento opera en favor del Estado Administrativo quien toma el relevo convirtiéndose en el denominado *tercer legislador ordinario*. Este reúne en sí legislación (a través de decretos y bandos) y aplicación de la ley en una fundición que dinamita la clásica distinción entre la instancia creadora de la norma (el Parlamento) y la Administración ejecutora del mandato legal[37].

IV. EL VACÍO

Lefort toma la controversia social como punto de referencia, no concibiéndola como un derroche estéril de energía sino, bien al contrario, como una fuente creativa, una fuerza constructiva que atesora el vigor edificante de la comunidad. Las desavenencias no precipitan la implosión de la sociedad sino

---

35. SCHMITT, C., *Legalidad y legitimidad*. Comares Editorial, Granada 2006, p. 89 a 91.

36. KÉRVEGAN, J. F, *¿Qué hacemos con Schmitt?* Escolar y Mayo Editores (2013), p.102, 133 y 134.

37. SCHMITT, C., *Legalidad y legitimidad*. Comares Editorial, Granada 2006, p.7.
KÉRVEGAN, J. F., ob. cit., p.134 y 135.

que impulsan su movimiento. La heterogeneidad es indisociable de la naturaleza humana y, por ello, el debate es el fluir que vitaliza y alumbra al colectivo, en permanente tránsito, en constante reinvención y auto-redescubrimiento.

El pensador francés rescata a Maquiavelo, quien reconoce la partición congénita de la ciudad, escindida entre dos humores en tensión: el que pretende dominar y el que se resiste a ser dominado[38] [39]. Esta fractura del deseo es una división original que apunta, a juicio del autor florentino, al corazón mismo de la política siendo consustancial a ella. Esta reflexión conduce a Lefort a concluir que la comunidad es, *per se,* dualidad e inestabilidad no circunscrita a una única o determinada época. La circunstancia de que este antagonismo sea perenne, el hecho de que impregne todo el devenir humano, revela que los contendientes no se definen por rasgos hieráticos sino contingentes. Lo definitivo es la rivalidad en sí misma y no el perfil mutable de los oponentes, teñidos de tal o cual ideología en uno u otro momento histórico.

Partiendo de esta base, Maquiavelo renuncia al modelo ideal de ciudad, abandona las esencias platónicas y desciende al terreno de lo real. Lo real, como decíamos, es esa tensión tangible que el Príncipe no debe tratar de suprimir sino que debe conllevar en un ejercicio de inteligencia práctica y providente, en pro de la supervivencia y prosperidad de la ciudad. La política, por lo tanto, es el juego siempre inconcluso de equilibrios coyunturales que no ofrece ni vislumbra un desenlace absoluto. El príncipe deberá ir en búsqueda *de una verdad* meramente *contextual y provisional en un movimiento continuado de racionalización de la experiencia*[40].

---

38. LEFORT, C. *Democracia y representación.* Prometeo Libros, Buenos Aires 2011, p.64.

39. MAQUIAVELO. N. *El Príncipe,* elaleph.com, p.49.
https://ocw.uca.es/pluginfile.php/1491/mod_resource/content/1/El_principe_Maquiavelo.pdf

40. STRAEHLE, E. *Claude Lefort: la inquietud de la política.* Editorial Gedisa (2017). Ebook, capítulo *Una lectura de Maquiavelo,* p.9 a 11.

De otra parte, la existencia de los dos humores antes aludida —el choque entre quien aspira a dominar y quien rehúye ser dominado—, son dos caras de una misma moneda, el frontal y reverso de una misma realidad.

Esta fractura inherente a la colectividad conduce a una serpenteante evolución. Y es que esta colisión no entraña, lejos de lo que pudiera parecer, una parálisis de la comunidad sino al contrario una corriente en constante fluir que ora se reencuentra consigo misma, ora se destruye y se reinventa[41]. Así, la República Romana que conocemos no fue sino el fruto de la oposición entre patricios y plebeyos y, asimismo, el Principado medieval-renacentista en las ciudades italianas fue el resultado de la confrontación entre «los grandes» y el pueblo; en uno y otro caso el producto del conflicto se selló en beneficio mutuo[42]. De todo ello se colige que la discrepancia no equivale a decadencia; antes bien, en ella reside una oportunidad para la virtud y un punto de despegue hacia más amplias cotas de libertad. No resta sino concluir que el problema no reside en la contienda como realidad inevitable sino en la cohabitación que se teje en torno a ella y, sobre todo, en la tozuda ilusión de instaurar una unidad imposible.

Pero, ¿de qué modo articular esa coexistencia? Pues bien, es en este punto en el que Lefort describe la democracia recurriendo a dos principios que la presiden y que, a priori, pudieran parecer antagónicos: *el poder emana del pueblo y el poder no es de nadie*. En otras palabras, el poder descansa en el pueblo y se fundamenta en él; no obstante, ese mismo pueblo es pura heterogeneidad, una pluralidad que se niega a ser confinada en una única voz fundante. Si durante el Antiguo Régimen el cuerpo del Rey era la viva representación del pueblo y en el totalitarismo se tenía por encarnado en el partido o en el

---

41. LEFORT, C., ob. cit., p.70.

42. GUTIÉRREZ, F. Poder y democracia en Claude Lefort. *Revista de Ciencia Política*, volumen n° 31, n°2 (2011), p.253.

egócrata[43], con el advenimiento de la democracia el pueblo escapa de toda corporeización y asume su carácter no aprehensible. El poder es del pueblo, el pueblo no es unívoco y, por ello, la única encarnación que le es verdaderamente fiel es el vacío. La democracia invita al cuestionamiento de cualquier paradigma que pudiera parecer cierto e inamovible, se abre a la desemejanza y renuncia a una identidad terminante. La democracia no erradica el conflicto sino que lo institucionaliza rechazando, a la postre, un dogma último que la sustente.

Lo anterior supone que quien ejerce transitoriamente el poder no posee, en modo alguno, una suerte de conocimiento oficialmente reconocido ni está en posesión de una verdad absoluta. La verdad democrática no es más que una verdad fugaz —por el tiempo que perviva esa concreta gobernanza— y reconocidamente parcial e incompleta —por cuanto no captura una suerte de espíritu social monolítico que no es tal—.

Que el lugar del poder se encuentre vacío significa que se alza sobre un no fundamento. La democracia es la búsqueda siempre inconclusa de ese principio último y, por consiguiente, el poder es el producto relacional de una coyuntura y de un contexto transitorio. La inquietud que caracteriza a la democracia se explica por su carácter no sustancial, no teológico, que acoge su diversidad como un valor irrenunciable y definitorio. De esta manera, la convivencia en democracia no pretende la domesticación de la otredad, no persigue la totalización uniforme, sino que abraza su pluralidad.

Del lugar vacío también se infiere que la democracia no viene anudada a un colectivo concreto que la represente; la colectividad no es club selecto de sujetos que presumen de su ciudadanía, por contraste y con exclusión de los restantes. La

---

43. Lefort toma la expresión del escritor ruso Aleksandr Solzhenitsyn para designar al dirigente totalitario que «*concentra el poder social en su persona y, así, aparece (y se aparece) como si hubiera absorbido la sustancia de la sociedad, como si, en tanto que Ego absoluto, pudiera dilatarse infinitamente sin encontrar resistencia en las cosas*»; STRAEHLE, E. ob. cit. en el capítulo *La ilusión del poder en el totalitarismo*, p.5.

democracia no responde a un rostro y, en consecuencia, repele la condición de membresía. La comunidad, así, se hace visible desde lo invisible, desde un vacío expresivo de la más sincera inclusión social. Esta indeterminación del poder —diseñada con el propósito de dar cabida a la multiplicidad desde la ambivalencia— permite que la sociedad se reconozca, que se lea como un todo. Y es precisamente en este punto donde se advierte la función simbólica del poder: aquello que permite que cada uno de los humores que integran la ciudad salga de sí para reencontrarse en un nosotros exterior que carece de dueño. El poder ejerce una labor de figuración de la sociedad que lo sitúa más allá de cualquier particularismo[44].

El totalitarismo, en el otro extremo, se adhiere a todo el espacio, se apropia del término nosotros, se arroga el monopolio de la política legítima y mina la conciencia individual bajo amenaza de ser tildado de foráneo, de parásito o de enemigo. Lefort entiende que el totalitarismo es un «hecho social total» en el que es la propia colectividad la que se incorpora al Estado de manera que las personas diluyen su especificidad, so pena de quedar aisladas.

V. LA PATRIA Y EL DIÁLOGO CIUDADANO

De la mano de Sternberger, primero, y de Habermas, después, se abandonará la adhesión a la nación para proclamar el amor a la patria, siendo una y otra locución antitéticas. De esta forma, si el nacionalismo se sustenta en el apego sentimental al pueblo, al propio grupo étnicamente identificado, homogéneo, diferenciado del resto y enraizado en una historia compartida, la patria bebe de una adhesión emotiva pero también ra-

---

44. MOLINA, E. Claude Lefort: democracia y crítica del totalitarismo. *Enrahonar. Quadrens de Filosofía* 48 (2012), p. 55.

cional a un sistema de instituciones, a una organización política producto del consenso social[45].

La patria no es, por lo tanto, fruto de la providencia o resultado del azar, propio del lugar natal; elude, en suma, el concepto de nación natural. La patria es una elección consciente de ciudadanos emancipados que libremente participan en la construcción permanente de su propia comunidad. Así las cosas, si el nacionalismo vive del pasado el patriotismo se desenvuelve en el gerundio. La patria no es naturaleza, por cuanto es un constructo de la libertad humana, y tampoco es idea, en la medida en la que carece de ese estatismo o inmovilidad; *la patria es el campo histórico y el medio de nuestro propio obrar y actuar libres*[46].

Desde el presente, la lealtad patriótica abraza valores de ética pública que se enmarcan en una Constitución viva, fruto del compromiso y de la perseverante participación de todos, mostrándose como lugar de encuentro colectivo. En palabras de Sternberger, *la patria llama cada día, pues cada día tenemos y queremos nosotros vivir allí, vivir unos con otros*[47].

Valga decir que esta distinción entre nación y patria fue también advertida por Ortega y Gasset quien empleó la terminología de «patriotismo inactivo» y «patriotismo dinámico». La primera de estas nociones referiría la *condensación del pasado y el conjunto de cosas gratas que el presente de la tierra en que nacemos nos ofrece,* una invitación a recrearnos *con lo que un hado venturoso puso delante*; la segunda acepción apelaría, no a la tierra de los padres, sino a la de los hijos, siendo lo *que todavía no existe y que no podrá existir como no pugnemos*

---

45. ROSALES, J. M. «Patriotismo constitucional: sobre el significado de la lealtad política republicana». *ISEGORÍA 20/1999*, p.142 a 144.

46. STERNBERGER, D. Patriotismo constitucional. *Serie de teoría jurídica y filosofía del derecho nº19* Universidad Externado de Colombia, p.80 y 81.

47. STERNBERGER, D. ob. cit., p.83.

enérgicamente para realizarlo nosotros mismos. La patria es una tarea a cumplir, un problema a resolver, un deber[48].

Decimos, entonces, que el patriotismo constitucional implica la aprehensión de valores cívicos que hilan una ética pública. Dicha ética es omnicomprensiva de múltiples identidades, facultando su coexistencia pacífica, habilitando la diversidad cultural.

Dicho lo cual, estos valores ¿de dónde brotan y en qué consisten?

Pues bien, debemos comenzar señalando que no se construyen ni se interpretan desde la dicotomía o desde el maniqueísmo del bien y del mal, sortean, en definitiva, toda clase de dogmatismo siendo compatibles con el pluralismo moral. Dichos valores emanan, siguiendo a Habermas, de la comunicación ciudadana. De esta manera, los miembros de la comunidad se sumergirán en un ejercicio discursivo, en un intercambio dialógico, enrolándose todas las partes en la búsqueda del argumento certero.

La implicación personal de los participantes en este ejercicio de racionalidad intersubjetiva dota a su resultado de un enorme valor: el de la legitimidad de quien se ve reconocido en la norma, el de la validez de lo que resulta comprensible, el de la transparencia de aquello que se ha presenciado.

En el seno del intercambio argumentativo los interlocutores arguyen en pie de igualdad; las discrepancias pueden ser superadas sin recurrir a la autoridad, a la tradición o a la fuerza, blandiendo, exclusivamente, una luminosa evidencia o una diestra razón. Asimismo, en tanto que este íter discursivo tiene como meta el entendimiento mutuo, serán desterradas las pretensiones que pivotan sobre intereses particulares toda vez que resultarán estériles en lo que al consenso se refiere. Se obser-

---

48. Ortega Y Gasset, J. *La pedagogía social como programa político*, en *Obras Completas*, Alianza Editorial & Revista de Occidente, Madrid 1983, vol. I, p. 505 y 506.

va, así, una tendencia a la universalización, una premisa inclusiva que pretende un reconocimiento generalizado.

En la génesis de la norma hallamos un procedimiento consensual de racionalidad comunicativa, de intervención plural y democrática que reviste de legitimidad el ordenamiento jurídico del Estado de Derecho.

La máxima de la tradición republicana romana según la cual se reconoce la libertad como dependiente de la ley se torna una experiencia vívida pues el sistema institucional, la estructura constitucional y el ordenamiento jurídico son el vehículo que hace posible el ejercicio de la libertad civil.

Capítulo Segundo

Una segunda aproximación a la neutralidad desde nuestro ordenamiento jurídico

I. NEUTRALIDAD EN EL ÁMBITO ADMINISTRATIVO

i. Un concepto y dos tendencias

La ética institucional es un cuerpo de valores preestablecidos desde el que se formulan directrices de comportamiento para las instituciones y para las personas que las componen. Se trata de un conjunto de criterios sobre el contenido y el modo en que deben cumplirse las funciones constitucionalmente asignadas a la Administración[49].

El principio de neutralidad administrativa, pese a no encontrarse expresamente constitucionalizado, nutre el crisol antes mencionado; pero ¿en qué consiste exactamente?

Diversos autores han teorizado al respecto pudiendo identificarse dos corrientes claramente diferenciadas. Cabe decir que una y otra parten de un mismo punto de arranque para desembocar en extremos opuestos. Ambas conciben la neutralidad como aquello que define el vínculo que debe forjarse entre el Gobierno y la Administración; la forma en que deben relacio-

---

49. Morell Ocaña, L. La lealtad y otros componentes de la ética institucional de la Administración. *Revista Española de Derecho Administrativo*, nº114. Abril-Junio 2002, p.167 y 168.

narse el Ejecutivo y la estructura administrativa. Sin embargo, la exégesis del término «neutralidad» en uno y otro caso difiere completamente.

La primera de dichas tesis puede denominarse «disponibilidad burocrática», se apoya en el art.97.1 CE y tiene como partidarios autores tales como Santamaría Pastor, Carro Fernández-Valmayor o García Costa. La segunda de las teorías podría titularse «eficacia indiferente y objetiva», pivota sobre el art.103.1 CE y la secundan autores como Garrido Falla, García Nieto o Morell Ocaña. Veamos con más detalle cada una de estas dos posturas.

a) Disponibilidad burocrática

Santamaría Pastor sostiene que el deber de neutralidad de la Administración es una directriz de índole funcional impuesta por la cláusula de «Estado democrático» consagrado en el art.1.1 CE que significa que la burocracia debe estar disponible frente a cualquier opción política que ostente el Gobierno[50].

La estructura administrativa conforma el principal instrumento a disposición del Gobierno democráticamente escogido para ejecutar las políticas que tenga por convenientes; políticas que, en principio, vendrían reflejadas en el programa con el que la formación mayoritariamente votada concurrió en su día a las elecciones. Así, Carro Fernández-Valmayor mantiene que *una posición de autonomía del aparato administrativo no sólo sería contradictoria con la función constitucional de dirección del mismo confiada al Gobierno, sino también difícilmente conciliable con el principio de Estado democrático*[51].

En esta línea, Francisco Manuel García Costa identifica una serie de deberes del funcionario: negativos —no interferencia y disponibilidad plena—, y positivos —colaboración leal y efi-

---

50. SANTAMARÍA PASTOR, J. A. *Fundamentos de Derecho Administrativo*, Editorial Centro de Estudios Ramón Areces, Madrid 1991, p. 250 y 251.

51. CARRO FERNÁNDEZ-VALMAYOR, J. L. Sobre la potestad autonómica de autoorganización, *REDA*, n° 71 1991, p.330.

caz—[52], configurando la estructura administrativa como una herramienta en manos del Ejecutivo.

Siendo indiscutible que, de acuerdo con el art.103.1 CE, la Administración debe servir al interés general sólo queda concluir que, desde esta perspectiva, correspondería al Gobierno determinar qué debe entenderse por interés general en cada momento, orientando a la Administración en tal dirección (art.97.1 CE) y permeando profundamente en ella.

b) Eficacia indiferente y objetiva

Garrido Falla, por el contrario, identifica la debida neutralidad política de la Administración con la expresión del principio de eficacia indiferente, en otras palabras *eficaz tanto si perjudica como si favorece a la política del Gobierno que está en el poder*. La neutralidad de las instituciones descansaría, en cierto modo, sobre la actitud individual de funcionarios profesionales, afirmando este autor que: *Cuando el gobernante sabe que los funcionarios que tiene inmediatamente a sus órdenes actúan para conseguir los típicos fines del servicio público, ajenos a servir a cualquier idea de satisfacer los programas políticos del partido que representan o, al contrario, de sabotearlos, entonces es cuando el funcionario es un auténtico funcionario profesional.*[53] [54]

---

52. GARCÍA COSTA, M. Delimitación conceptual del principio de objetividad: objetividad, neutralidad e imparcialidad. *Revista Documentación Administrativa* nº289 enero-abril 2011, p.29.

53. GARRIDO FALLA, F. *Comentarios a la Constitución*, Civitas. Madrid (1985), p. 1426.

54. En este punto cobran relevancia:

—El art.52 del Real Decreto Legislativo 5/2015 por el que se aprueba el texto refundido de la Ley del Estatuto Básico del Empleado Público que reza *Los empleados públicos deberán desempeñar con diligencia las tareas que tengan asignadas y velar por los intereses generales con sujeción y observancia de la Constitución y del resto del ordenamiento jurídico, y deberán actuar con arreglo a los siguientes principios: objetividad, integridad, **neutralidad,** responsabilidad, imparcialidad, confidencialidad, dedicación al servicio público, trans-*

Como afirma García Nieto, siendo cierto que *el Gobierno dirige la Administración civil y militar (art.97 CE), esta dirección no significa que la Administración haya de servir al Gobierno: a quien sirve —a tenor del art.103 no ofrece lugar a dudas— es a los intereses generales*[55]. En palabras de Morell Ocaña, los funcionarios no pueden ser fiduciarios de un equipo de gobierno[56].

Según esta otra perspectiva la Administración debería, igualmente, actuar en pro del interés general; no obstante, parece que en este caso quien establecería el significado de interés público no sería el Ejecutivo sino las Cortes Generales. La brújula del funcionariado residiría, pues, en el principio de legalidad (arts.9.1 y 103.1CE[57]) pudiendo en la práctica estar perfec-

---

parencia, ejemplaridad, austeridad, accesibilidad, eficacia, honradez, promoción del entorno cultural y medioambiental, y respeto a la igualdad entre mujeres y hombres, que inspiran el Código de Conducta de los empleados públicos configurado por los principios éticos y de conducta regulados en los artículos siguientes.

Los principios y reglas establecidos en este capítulo informarán la interpretación y aplicación del régimen disciplinario de los empleados públicos.

-El art.53.11 del mismo texto legal identifica como uno de los principios éticos de todo empleado público el ejercicio de *sus atribuciones según el principio de dedicación al servicio público **absteniéndose no solo de conductas contrarias al mismo, sino también de cualesquiera otras que comprometan la neutralidad en el ejercicio de los servicios públicos.***

55. GARCÍA NIETO, A. *La Administración sirve con objetividad a los intereses generales*, en Estudios sobre la CE. Homenaje al profesor Eduardo García de Enterría, Civitas 1991, p. 2226.

56. MORELL OCAÑA, L. *El sistema de la confianza política en la Administración Pública.* Civitas 1994, p. 106.

57. Art.9.1 CE *Los ciudadanos y los poderes públicos están sujetos a la Constitución y al resto del ordenamiento jurídico.*

Art.103.1 CE *La Administración Pública sirve con objetividad los intereses generales y actúa de acuerdo con los principios de eficacia, jerarquía, descentralización, desconcentración y coordinación, con sometimiento pleno a la ley y al Derecho.*

Art.71.2 Estatuto Autonomía de Cataluña LO 6/2006: *La Administración de la Generalitat sirve con objetividad los intereses generales y actúa con sumisión plena a las leyes y al derecho.*

tamente acompasado con los propósitos gubernativos o, en cambio, pudiendo entrar en fricción con ellos.

Cada una de las corrientes expuestas se sustenta en una tesis primordial y tiene un reflejo o apoyatura histórica. La «disponibilidad burocrática» se funda en la preeminencia del Poder Ejecutivo y se identifica plenamente con la tradición norteamericana. En Estados Unidos se confiere un tratamiento constitucional y práctico de privilegio al Ejecutivo, encabezado por el presidente, elegido por el pueblo. No en vano, en el imaginario norteamericano el ejercicio del poder omnímodo y abusivo frente a las colonias se atribuía al Parlamento británico, de ahí las prevenciones hacia el poder legislativo y el extraordinario valor de un Ejecutivo que goza de sustento democrático directo[58].

De hecho, sobre la primacía absoluta del Gobierno se erige la doctrina del «*goverment speech*» con arreglo a la cual el Ejecutivo «habla» a través de sus políticas, teñidas de la ideología vencedora en las elecciones. La Corte Suprema norteamericana admite, en este punto, una suerte de enmarañamiento entre aquél y la estructura administrativa de forma y manera que esta última parece configurarse como una mera prolongación del Gobierno[59].

En contraposición con lo anterior, la teoría que hemos denominado «eficacia indiferente y objetiva» otorga primacía al Poder Legislativo y se encuentra alineada con la tradición fran-

---

Art.4.1 Ley 16/2010 de Organización y Funcionamiento de la Administración General y el Sector Público Autonómico de Galicia: *La Administración general de la Comunidad Autónoma de Galicia, bajo la dirección de la Xunta, y las entidades integrantes del sector público autonómico sirven con objetividad a los intereses generales y actúan con sometimiento pleno a la Constitución, al Estatuto de autonomía, a la ley y al resto del ordenamiento jurídico.*

58. MUÑOZ MACHADO. S. *Tratado de Derecho Administrativo y Derecho Público General. Tomo V.* p. 37 Agencia Estatal BOE 2015.

https://www.boe.es/biblioteca_juridica/abrir_pdf.php?id=PUB-PB-2015-68

59. VÁZQUEZ ALONSO, V. «La neutralidad del Estado y el problema del *goverment speech*». *Revista de Estudios Políticos* n° 177, julio-septiembre 2017, p.19 y 20.

cesa. En esta ocasión, durante el Antiguo Régimen, el ejercicio del poder absoluto y abusivo se residenciaba en un monarca hereditario y de ahí el fortalecimiento galo del Legislativo frente al Ejecutivo[60].

Desde esta otra óptica la Administración aparece como un ente marcadamente sometido al principio de legalidad, distinto del Ejecutivo aunque disponible para él dentro de ciertos límites.

ii. Aproximación jurisprudencial: nociones adyacentes

Si bien la jurisprudencia no ha definido qué debe entenderse por «neutralidad» sí ha hermanado el término con las nociones de: interés público, objetividad, imparcialidad y lealtad institucional.

a) Persecución del interés público

El art.103.1 CE afirma que la Administración sirve con objetividad a los intereses generales pero, ¿qué es exactamente el interés general? Según el *rapport* del año 1999 del Consejo de Estado francés, el interés general no es sino la finalidad última de la acción pública, su fundamento y su límite, pudiendo diferenciarse dos posiciones en torno a su significado[61]:

— Una primera postura de inspiración utilitarista que lo equipara a la suma de intereses particulares y que nace espontáneamente de la búsqueda de utilidad por parte de los agentes económicos.

---

60. Muñoz Machado, S., ob. cit. p.37.
61. https://www.conseil-etat.fr/ressources/etudes-publications/rapports-etudes/etudes-annuelles/reflexions-sur-l-interet-general-rapport-public-1999

— Otra de esencia voluntarista, que trasciende las coyunturales preferencias económicas, que desborda los intereses individuales y trasluce lo que se denomina «voluntad general».

Estas dos aproximaciones destilan, asimismo, dos formas de entender la democracia: aquella en la que la libertad individual se erige en premisa elemental y cuya protección es la única razón de ser del Estado; y aquella otra en la que los individuos superan sus propios cotos de libertad para conformar, en solidaridad, una comunidad política.

Cabe decir, pues, que estas dos maneras de entender el interés público o general se encuentran en íntima conexión con dos formas muy distintas de comprender la libertad del individuo: como evolución estrictamente personal y autosuficiente que sólo requiere del poder público una protección que repela agresiones de terceros o, por el contrario, como un florecimiento personal que sólo puede darse en comunión con los demás, de un éxito, en cierta forma, compartido. Son de ver, en definitiva, una tradición anglosajona *versus* una tradición grecolatina[62].

Nuestra jurisprudencia parece distanciarse de la óptica que concibe el interés general como una mera agregación de intereses particulares, habiendo declarado el Tribunal Supremo que, *en el campo de fuerzas de los intereses particulares, individuales o de grupo, la resultante histórica en cada momento conforma el interés público, que no es por tanto, mera suma o yuxtaposición de algo cuantitativo, sino más bien una sublimación cualitativa* (STS de 19 de mayo de 1988, Ponente MENDIAZÁBAL).

Dicho lo cual, ¿el interés público *es algo objetivable o es una realidad relativa a un poder capaz (legitimado o no) para es-*

---

62. RODRÍGUEZ ARANA, J. *Interés general, derecho administrativo y Estado del bienestar*. Iustel (2012) p. 14.

tablecerlo como tal[63]?, ¿es posible llenarlo de significado sin apriorismos?, ¿cómo definirlo en un supuesto específico?

Pues bien, descender al contenido concreto de «interés público» pasa por reconocerlo como «concepto jurídico indeterminado» que es. Así, un concepto jurídico indeterminado es aquel que trata de subsumir —no obstante su imprecisión de límites— un supuesto o circunstancias reales determinadas en una categoría normativa.

Lo anterior conlleva, innegablemente, un esfuerzo intelectivo para su aplicación que se manifiesta en:

— La propia estructura del concepto; ésta distingue un núcleo fijo o zona de certeza positiva (en la que resulta segura la inclusión del supuesto que se considere en el concepto jurídico indeterminado); una zona indeterminada o halo de incertidumbre (más o menos imprecisa); y, finalmente, una zona de certeza negativa (en la que resulta segura la exclusión del supuesto de que se trate del concepto jurídico indeterminado).

— La existencia de una única solución justa en cuanto a la inclusión o exclusión de la situación fáctica concreta en el ámbito comprensivo del referido concepto (STS 2 de abril y 11 de junio de 1991 [RJ 1991, 3278 y 4874]).

La presencia de un concepto jurídico indeterminado impone a la Administración un procedimiento intelectivo que conduzca derechamente a la única solución justa[64]. Siendo ello así,

---

63. LÓPEZ CALERA, N. El interés público, entre la ideología y el derecho. *Anales de la Cátedra Francisco Suárez* 44 2010, p.125.

64. Sentencia de la Audiencia Nacional. Sala de lo Contencioso Sección 3ª n° 649/2012 de 15 de febrero de 2012 (n° de recurso: 444/2010).

(…) *por su propia naturaleza de conceptos jurídicos indeterminados, precisan de la concreción adecuada a las circunstancias concurrentes en cada caso cuya valoración lleva a una única solución justa, jurisdiccionalmente controlable, que debe adoptarse por la Administración (art. 103 de la Constitución),*

los conceptos jurídicos indeterminados no son ni pueden equipararse con la discrecionalidad administrativa por cuanto, como veremos con detalle más adelante, ésta última admite diversas soluciones posibles e igualmente justas. Dicho de otro modo, *mientras los conceptos jurídicos indeterminados se fundan en la interpretación, la discrecionalidad se funda en la valoración*[65].

El interés público o general plantea al aplicador de la norma el reto de descifrar la respuesta preexistente que, aun pudiendo no ser explícita, descansa en el poso de la ley.

b) Objetividad e imparcialidad

La objetividad administrativa entronca con el principio de legalidad y opera esencialmente *ad intra*, en la esfera Administración-Parlamento, asegurando el pleno sometimiento de aquélla a la ley[66]. En este sentido, los arts.103.1 CE y 3 Ley 40/2015 del Régimen Jurídico de las Administraciones Públicas advierten que *la Administración sirve con objetividad (...) con sometimiento pleno a la ley y al Derecho*, el art.9.1 CE establece que *los poderes públicos están sujetos a la Constitución y al resto del ordenamiento jurídico*, y, en la misma línea, la juris-

---

sin que propicien soluciones alternativas propias de la discrecionalidad administrativa. Así ha declarado la sentencia de 24 de abril de 1999, citando otras muchas como las de 22-6-82, 13-7-84, 9-12-86, 24-4, 18-5, 10-7 y 8-11 de 1993, 19-12-95, 2-1-96, 14-4, 12-5- y 21- 12- de 1998 y 24-4-99, que en la apreciación de los conceptos jurídicos indeterminados, como orden público e interés nacional, resulta excluida la discrecionalidad de la Administración, porque la inclusión de un concepto jurídico indeterminado en la norma a aplicar no significa, sin más, que se haya otorgado capacidad a la Administración para decidir con libertad y renunciar a la solución justa del caso, sino que viene obligada a la única decisión correcta a la vista de los hechos acreditados.*

65. López Peña, E. L. *El dilema del interés público en el derecho administrativo*, Thomson Reuters Aranzadi, p.91.

66. García Costa, F. M., Delimitación conceptual del principio de objetividad: objetividad, imparcialidad y neutralidad. *Revista Documentación Administrativa* nº 289 enero-abril 2011 p.35.

prudencia señala (por todas, STS de 30 de julio de 1989) que *la Administración debe servir con objetividad a la ley y al Derecho*.

La actuación administrativa, por lo tanto, debe desenvolverse con total objetividad y, por consiguiente, con plena observancia del ordenamiento jurídico. La objetividad se identifica, así, con guardar fidelidad a la voluntad de la norma[67].

Ocurre, como es sabido, que la Administración se construye sobre la base de una ficción: la de la persona jurídica y ello conlleva, inevitablemente, que el ente público se exprese y opere a través de las personas físicas que lo integran: los funcionarios. De lo anterior se colige que *la voluntad de la institución es la voluntad de la persona que hace uso de la competencia de aquélla. La objetividad de la Administración es, entonces, una consecuencia de la imparcialidad con la que el funcionario actúe*[68].

Los empleados públicos, al desempeñar la labor que les ha sido confiada manifiestan una voluntad ajena, la voluntad pública y es este el mensaje recibido por los ciudadanos. Es por

---

67. Sentencia del Tribunal Supremo, Sala Tercera, de lo Contencioso-administrativo, Sección 7ª, Sentencia 933/2016 de 28 Abr. 2016, Rec. 827/2015

(…) *la afirmación de objetividad y neutralidad de la Administración ha de vincularse necesariamente a los principios de legalidad e interdicción de la arbitrariedad (Art. 9.3 CE) y 103.1 CE («la Administración Pública sirve con objetividad los intereses generales y actúa de acuerdo con los principios de eficacia, jerarquía, descentralización, desconcentración y coordinación, con sometimiento pleno a la ley y al Derecho)(…)*

puesto que la neutralidad de dicho uso no depende de la voluntad o de las decisiones particulares de las Administraciones o Poderes Públicos, sino, precisamente, de su deber genérico de sujeción a la legalidad vigente configurada por los cauces democráticos que específicamente habilitan la Constitución y las leyes que la desarrollan.

Sentencia del Tribunal Supremo, Sala Tercera, de lo Contencioso-administrativo, Sección 4ª, Sentencia 577/2017 de 4 Abr. 2017, Rec. 3969/2015

(…) *Cualquier ente público, como es la CCMA, tiene un deber de objetividad y neutralidad en toda su actuación, ya que así lo exigen los principios de legalidad e interdicción de la arbitrariedad (artículos 9.3 y 103.1 CE).*

68. MORELL OCAÑA, L. ob. cit. p. 363.

esta razón que la imparcialidad se proyecta ad extra, en el binomio Administración-administrados.

La ecuación, en definitiva, operaría tal que así:

— Causa: imparcialidad del funcionario (ámbito ad extra Administración-administrados).

— Efecto: objetividad de la Administración (ámbito ad intra Administración-Parlamento).

Esta fidelidad al espíritu de la ley llevará consigo una actitud de desprendimiento personal, un alejamiento de los intereses subjetivos de suerte que, como señala Morell Ocaña, se constate y valore el supuesto de hecho de forma *ajena a toda consideración personal,* ponderándose *intereses de conformidad con lo establecido por una voluntad distinta de la del funcionario que actúa: la voluntad de la norma*[6970].

Como decimos, el agente, en el ejercicio de sus funciones, deberá abdicar de su propio interés pues lo contrario sería tanto como suplantar el propósito inserto en la norma que aplica[71].

Obsérvese que, con arreglo al Diccionario de la Real Academia de la Lengua Española, la imparcialidad no es sino la *falta*

---

69. Morell Ocaña, L. La objetividad de la Administración Pública y otros componentes de la ética de la institución. *Revista Española de Derecho Administrativo* nº 111 julio-septiembre 2001, p.360.

70. De este desprendimiento que venimos analizando se hizo eco, entre otras, la sentencia del Tribunal Supremo Sala Tercera, de lo Contencioso-administrativo, Sección 4ª nº 922/2019 de 27 Jun. 2019 (Rec. 2352/2017) al indicar que «*una corporación de Derecho Público, representativa de una profesión y a la que es obligatorio afiliarse para ejercerla,* **no puede abandonar la posición de neutralidad que le es propia en ese campo para asumir posiciones ideológicas y políticas de parte**, desconectadas, además, de los intereses profesionales a los que debe servir*».

71. Morell Ocaña. L. *El principio de objetividad en la actuación de la Administración Pública.* La protección jurídica del ciudadano. Procedimiento administrativo y garantía jurisdiccional. Editorial Civitas S.A. 1993, p.193.

de designio anticipado o de prevención en favor o en contra de alguien o algo, que permite juzgar o proceder con rectitud. El juicio imparcial será, en consecuencia, aquel en el que *se imponga la realidad exterior o el imperativo existente sin obstáculo procedente del subsuelo vital propio*[72][73].

En esta línea, el art.53.2 del Real Decreto Legislativo 5/2015 de 30 de octubre por el que se aprueba el texto refundido de la Ley del Estatuto Básico del Empleado Público afirma que la actuación de éstos *se fundamentará en consideraciones objetivas orientadas hacia la imparcialidad y el interés común, al margen de cualquier otro factor que exprese posiciones personales, familiares, corporativas, clientelares o cualesquiera otras que puedan colisionar con este principio.*

Por lo demás, no resta sino recordar que es causa de abstención —y, en su defecto, de recusación— de las autoridades y del personal al servicio de las Administraciones tener interés personal en el asunto de que se trate o en otro en cuya resolución pudiera influir la de aquél (arts. 23.2.a y 24 Ley 40/2015, de 1 de octubre).

c) Lealtad institucional

El art. 4.1 de la Ley 40/2015 del Régimen Jurídico del Sector Público contempla, como principios rectores de la Administra-

---

72. MORELL OCAÑA, L. La objetividad de la Administración Pública y otros componentes de la ética de la institución. *Revista Española de Derecho Administrativo* nº 111 julio-septiembre 2001, p. 358.

73. Rosanvallon, para definir «imparcialidad» apela a la interpretación que Hannah Arendt realizó del pensamiento de Kant a este respecto, afirmando que ésta consiste en *adoptar todos los puntos de vista concebibles»* entrañando una *«inmersión reflexiva en el mundo (…) Arendt concluye que consiste en ampliar el propio pensamiento a los efectos de tener en cuenta a los demás. Este pensamiento ampliado es una manera de deshacerse de la estrechez de las visiones particulares para intentar el acceso a una forma de generalidad. Participa de un esfuerzo de representación de la sociedad por entero, sin quedarse únicamente con las voces dominantes o las expresiones más manifiestas.* ROSANVALLON. P. *La legitimidad democrática.* Ediciones Paidós Ibérica 2010, p.129.

ción, la «*lealtad institucional*» (letra «e»), así como la *coopera-ción, colaboración y coordinación entre las Administraciones Públicas* (letra «k»). En términos similares se expresa el art.3 letras «f» y «j» de la Ley 9/2007 de 22 de octubre de la Administración de la Junta de Andalucía o los arts. 3.1, 71.3, 201.2 y 209 del Estatuto de Autonomía de Cataluña LO 6/2006.

El concepto de lealtad se encuentra asociado al término de «alteridad» pues exige la presencia de dos sujetos en torno a los cuales se construye una relación sinalagmática. La lealtad es el reverso o la contrapartida de la confianza que un extraño brinda a otro. Se deposita fe en un semejante abrigando la convicción de que realizará la conducta comprometida, que no defraudará el comportamiento esperado[74].

La lealtad va precedida, pues, de un acuerdo que justifica esa esperanza de previsibilidad. Existe, en definitiva, la creencia de que la contraparte se conducirá conforme a las exigencias de la buena fe en el cumplimiento del pacto alcanzado.

Trasladando tales consideraciones al marco institucional en el que nos movemos, la lealtad no es sino el respeto al pacto constituyente y, en consecuencia, a la arquitectura consagrada en nuestra norma fundamental.

iii. Neutralidad de la Administración y derecho a la libertad de expresión

Uno de los contraargumentos que con frecuencia se opone a la neutralidad administrativa es el derecho a la libertad de expresión. Algunos esgrimen, en este sentido, que tal neutralidad no puede menoscabar un supuesto derecho del Gobierno a la libertad de expresión ni, tampoco, el derecho de los gobernantes y de los funcionarios a exponer sus opiniones sin cortapisa alguna en cualquier momento y circunstancia.

---

74. MORELL OCAÑA, L. Lealtad y otros componentes de la ética institucional de la Administración. *Revista Española de Derecho Administrativo*, n° 114 abril-junio 2002, p. 169 a 177.

El derecho fundamental a la libertad de expresión está previsto en el artículo 20.1.a de la Constitución que dice así:

> *Se reconocen y protegen los derechos... a) A expresar y difundir libremente los pensamientos, ideas y opiniones mediante la palabra, el escrito o cualquier otro medio de reproducción.*

Asimismo, el artículo 10 del Convenio Europeo de Derechos Humanos, en su apartado primero, señala:

> *Toda persona tiene derecho a la libertad de expresión. Este derecho comprende la libertad de opinión y la libertad de recibir o de comunicar informaciones o ideas sin que pueda haber injerencia de autoridades públicas y sin consideración de fronteras. El presente artículo no impide que los Estados sometan a las empresas de radiodifusión, de cinematografía o de televisión a un régimen de autorización previa.*

Este derecho, como ha recordado nuestro Tribunal Constitucional, hace posible la autodeterminación del individuo y, a su través, de los grupos sociales en los que por libre decisión pueda integrarse. Constituye, además, una garantía para la formación y existencia de una opinión pública libre, lo que lo convierte en uno de los pilares de una sociedad libre y democrática (Sentencias del Tribunal Constitucional nº 177/2015 de 22 Jul. 2015 y nº 50/2010, de 4 de octubre, entre muchas otras).

Dicha libertad debe gozar de un amplio cauce para el intercambio de ideas y opiniones, el cual debe ser lo suficientemente generoso como para que pueda desenvolverse sin angostura; esto es, sin timidez y sin temor (SSTC 9/2007, de 15 de enero, FJ 4 (EDJ 2007/2496), y 50/2010, FJ 7). De esta forma, la libertad de expresión incluye la libertad de crítica aun cuando la misma sea desabrida y pueda molestar, inquietar o disgustar a quien se dirige, pues así lo requieren el pluralismo, la tolerancia y el espíritu de apertura, sin los cuales no existe sociedad democrática (SSTC 174/2006, de 5 de junio, FJ 4, y 77/2009, de 23 de marzo, FJ 4).

En suma, la libertad de expresión hace posible la difusión de ideas u opiniones acogidas con favor o consideradas inofensivas o indiferentes, pero también aquellas que contrarían, chocan o inquietan al Estado o a una parte cualquiera de la población (STC 235/2007, de 7 de noviembre, FJ 4y STEDH caso De Haes y Gijsels c. Bélgica, de 24 de febrero de 1997, §49). Y es que en nuestro sistema —a diferencia de otros de nuestro entorno— no tiene cabida un modelo de «democracia militante», es decir, un modelo en el que se imponga, no ya el respeto, sino la adhesión positiva al ordenamiento y, en primer lugar, a la Constitución (STC 48/2003, de 12 de marzo, FJ 7).

Lo anterior implica que los poderes públicos no pueden desplegar una actividad tendente a controlar o cribar qué ideas o doctrinas deben circular públicamente pues ello sería tanto como negar el pluralismo político y el intercambio de ideas que sustentan nuestro sistema democrático representativo.

Con todo, la libertad de expresión no está exenta, como cualquiera otra, de límites fijados o fundamentados en la Constitución. El deslinde de la libertad de expresión será el fruto, con frecuencia, de la ponderación entre esta y otros derechos y valores constitucionales que pueden verse afectados por su ejercicio (STC 187/2015, de 21 de septiembre, FJ 2).

Sentado cuanto precede, es necesario subrayar que las instituciones públicas, a diferencia de los ciudadanos, no gozan del derecho fundamental a la libertad de expresión proclamado en el artículo 20 CE [por todas, STC n° 244/2007, de 10 de diciembre STC n° 14/2003, de 28 de enero, STS (Contencioso) n° 933/2016 de 28 de abril de 2016 o STS n° 478/2021 (Contencioso) de 7 de abril de 2021]. Como indicaba el Tribunal Supremo (Contencioso) en su sentencia de 11 de marzo de 2021 (rec. 347/2019), los derechos fundamentales no están concebidos como instrumento de los poderes públicos, sino como medio de protección de los ciudadanos.

En efecto, la actuación de las instituciones públicas aparece estrictamente vinculada al cumplimiento de los fines que les asigna el ordenamiento jurídico con arreglo al artículo 103 CE, por mor del principio de legalidad. De hecho, cuando desde una posición institucional pública se hace gala de una determinada postura ideológica en una cuestión que divide a la sociedad, actuando extramuros de los fines encomendados a la institución, no solamente se incurre en desviación de poder sino que, a mayor abundamiento, se opaca el derecho a la libertad de expresión e ideológica de cada uno de los integrantes de la Comunidad cuya representación como conjunto ha sido confiada a la citada institución.

En este sentido, la sentencia nº 1536/2022 del Tribunal Supremo de 21 de noviembre de 2022 (rec. 6426/2021), en relación con la adopción por el Claustro de la Universidad de Barcelona de una resolución por la que se aprobó un manifiesto denominado «Manifiesto conjunto de las universidades catalanas en rechazo de las condenas de los presos políticos catalanes y a la judicialización de la vida política», estableció:

1º) Que una Universidad pública, como Administración institucional, no es sujeto activo sino pasivo de las libertades ideológica y de expresión.

2º) Que el Claustro Universitario es el órgano de gobierno y de representación de la comunidad universitaria. Este no puede ejercer más funciones que las que le son atribuidas por la Ley Orgánica de Universidades, que son las propias de su «objeto social exclusivo»: la educación superior.

Para tal fin las universidades tienen reconocida la autonomía universitaria prevista en el artículo 27.10 de la Constitución, garantía constitucional que el legislador ha concretado atribuyendo a la Universidad un haz de competencias enumeradas en la aludida ley orgánica.

3º) Si al ejercer sus funciones de gobierno el Claustro Universitario adopta acuerdos sobre cuestiones ajenas a los fines y funciones de la Universidad y a los intereses de la comunidad que la integra que, a su vez, se encuentran teñidos de una determinada ideología en cuestiones que dividen a la ciudadanía:

— Se podrá plantear una desviación de poder.

— Esa extralimitación del contenido propio de la autonomía universitaria vulnerará, además, el principio de objetividad o neutralidad que cabe esperar de toda Administración.

4°) Dicha extralimitación, a mayores, repercutirá en los derechos y libertades fundamentales de terceros al identificar a toda a la comunidad universitaria con un concreto postulado político o ideológico. Se vulnerará, por lo tanto, la libertad ideológica de sus integrantes —no sólo de los miembros del Claustro Universitario—, interfiriendo en otros derechos tales como la libertad de cátedra (artículo 20.1.c CE).

Y es que la autonomía universitaria constitucionalmente garantizada permite que la Universidad sea un lugar de debate sobre cuestiones académicas, científicas, sociales y políticas siempre que aquél se desarrolle desde la lealtad institucional, esto es, desde la fidelidad a los fines de la propia Universidad. Dicha lealtad no está presente cuando un órgano de gobierno, el Claustro Universitario, adopta acuerdos presentados como la voluntad de la Universidad, tomando formalmente partido en cuestiones que dividen a la sociedad y que, además, son ajenas a los precitados fines.

Es igualmente digna de mención la sentencia del Tribunal Superior de Justicia de Cataluña (Contencioso) n° 959/2016 de 1 de diciembre de 2016, que acogió el recurso de apelación interpuesto contra una sentencia dictada por el Juzgado de lo Contencioso Administrativo n° 4 de Barcelona que desestimaba el recurso contencioso administrativo planteado contra el Acuerdo adoptado en fecha 14 de octubre de 2013 por el Consejo de los Ilustres Colegios de Abogados de Cataluña de adhesión al «Pacto Nacional por el Derecho a Decidir».

Los razonamientos de la sentencia del Tribunal Superior de Justicia de Cataluña pueden sintetizarse del modo que sigue:

1°) Los Colegios Profesionales son corporaciones dirigidas no sólo a la consecución de fines estrictamente privados —lo que podría conseguirse con la simple asociación— sino esencialmente a garantizar que el ejercicio de la profesión se ajuste a las normas o reglas establecidas (STC 89/1989 de 11 de mayo).

En otras palabras, sus potestades quedan circunscritas a las funciones estrictamente colegiales, que son las marcadas por la Ley 2/1974 de 13 de febrero de Colegios Profesionales.

2°) Si la actuación del Colegio Profesional sobrepasa los límites que señala la Ley 2/1974 y realiza actuaciones que permiten su equiparación con una asociación privada, exigiendo a los colegiados un posicionamiento ideológico acorde con una línea de pensamiento asumida por la Junta de Gobierno, con dicha actuación se produce un enfrentamiento entre la colegiación obligada para ejercer y el derecho de no asociarse, quedando vulnerado este último.

Dicho de otro modo:

— El acuerdo impugnado de adhesión al «Pacto Nacional por el Derecho a Decidir» tiene un marcado carácter político y esa posición política es asumida corporativamente.

— La colegiación es obligatoria para quien quiera ejercer la abogacía de suerte que el posicionamiento del Colegio Profesional no deja otra alternativa a los colegiados que alinearse con la opción ideológica o política que este ha hecho propia.

— Lo cierto es que no puede exigirse a nadie que asuma una ideología como condición para el ejercicio de una profesión. Hacerlo supone una vulneración a la libertad ideológica, de expresión y de asociación, libertades todas ellas indisolublemente unidas al pluralismo político que, como valor esencial de nuestro ordenamiento jurídico, propugna la Constitución española.

El mismo criterio es aplicable cuando hablemos del representante de un ente público en el ejercicio de funciones institucionales. Cabe mencionar, a este respecto, la sentencia del Tribunal Superior de Justicia de Cataluña nº 1914/2021, de 28 de abril de 2021, en la que se analizaba la colocación en el balcón de la sede del Gobierno de la Generalitat de Cataluña de una pancarta con el lema «libertad de los presos políticos y exiliados», en catalán y en inglés, junto con un lazo amarillo. La representación de la Administración autonómica arguyó que la colocación de la pancarta y el lazo eran consecuencia del ejercicio del derecho a la libertad de expresión del Presidente de la Generalitat.

Dicha sentencia afirmó que el ejercicio de los derechos fundamentales está reservado a los ciudadanos particulares y no a los representantes de una entidad que se hallen en el desempeño de funciones públicas, cuyos actos siempre han de estar vinculados a los fines que les asigne el ordenamiento jurídico.

Asimismo, en el ámbito del Tribunal Constitucional existe un pronunciamiento de gran interés sobre esta cuestión, la Sentencia nº 5/2021, de 25 de enero de 2021 que desestimó el recurso de amparo interpuesto por una serie de presidentes de federaciones territoriales de fútbol en relación con la resolución del Tribunal Administrativo del Deporte de 27 de abril de 2017.

Los hechos a los que se refirió la resolución administrativa fueron los siguientes: habiéndose convocado un proceso electoral a la presidencia de la Federación Española de Fútbol algunos presidentes de federaciones territoriales suscribieron, en su condición de tales, una carta en apoyo a quien era presidente de la Federación Española en ese momento y que se postulaba a la reelección. La carta de apoyo se publicó, además, en las páginas webs de dos federaciones territoriales de fútbol.

La resolución del Tribunal Administrativo del Deporte acordó declarar que tal actuación contravino el deber de neutralidad que el artículo 12.4 de la Orden ECD/2764/2015, de 18 de diciembre, por la que se regulan los procesos electorales en las federaciones deportivas españolas, impone a todos los órganos federativos, al inducir el sentido del voto de los electores en favor de uno de los precandidatos. La citada resolución fue confirmada en vía judicial por la sentencia de 25 de julio de 2018 del Tribunal Superior de Justicia de Madrid, que adquirió firmeza después de que el Tribunal Supremo inadmitiera recurso de casación contra la misma.

Los demandantes de amparo entendieron que la resolución administrativa confirmada judicialmente atentaba contra su derecho a la libre expresión.

Pues bien, la sentencia del Tribunal Constitucional concluyó que:

1°) Las federaciones deportivas son asociaciones de titularidad privada pero que ejercen, por delegación, funciones públicas de carácter administrativo y, en este ámbito, están sujetas a la normativa administrativa correspondiente.

2°) Los cuadros directivos y demás personal que forma parte de la organización de cualquiera de estas federaciones, en aquellas actividades que, por delegación, supongan el ejercicio de funciones públicas, también estarán sujetos a aquella normativa administrativa.

3°) Los órganos federativos o sus miembros que, en los términos del artículo 12.4 de la Orden ECD/2764/2015, estén vinculados a la Real Federación Española de Fútbol, no podrán en su condición de tales invocar una titularidad de derechos fundamentales —libertades de expresión o información— que no tienen, cuando sus manifestaciones guarden relación con aquellos aspectos de la organización o del funcionamiento federativos que tengan dimensión pública. Tal es el caso de las convocatorias electorales a cargos directivos de la federación deportiva a la que se pertenezca.

Razonado cuanto antecede, en lo atinente al mundo funcionarial, debemos referirnos a los arts. 52 y 53.2 del Real Decreto Legislativo 5/2015 de 30 de octubre por el que se aprueba el texto refundido de la Ley del Estatuto Básico del Empleado Público que disponen:

Art.52 EBEP

Los empleados públicos *deberán desempeñar con diligencia las tareas que tengan asignadas y velar por los intereses generales con sujeción y observancia de la Constitución y del resto del ordenamiento jurídico, y* **deberán actuar con arreglo a los siguientes principios: objetividad,** *integridad,* **neutralidad,** *responsabilidad,* **imparcialidad,** *confidencialidad, dedicación al servicio público, transparencia, ejemplaridad, austeridad, accesibilidad, eficacia, honradez, promoción del entorno cultural y medioambiental, y respeto a la igualdad entre mujeres y hombres, que inspiran el Código de Conducta de los empleados públicos configurado por los principios éticos y de conducta regulados en los artículos siguientes.*

Los principios y reglas establecidos en este capítulo informarán la interpretación y aplicación del régimen disciplinario de los empleados públicos.

Art.53.2 EBEP

Su actuación perseguirá la satisfacción de los intereses generales de los ciudadanos y se fundamentará en consideraciones objetivas orientadas hacia la imparcialidad y el interés común, al margen de cualquier otro factor que exprese posiciones personales, familiares, corporativas, clientelares o cualesquiera otras que puedan colisionar con este principio.

Las previsiones normativas antedichas son completamente compatibles tanto con el art.20 CE como con el art.10 CEDH. Así, el TEDH ha afirmado que siendo cierto que los principios que rigen el ejercicio de la libertad de expresión son aplicables a cualquier persona, también lo es que dicho ejercicio puede ser moderado de forma que el Estado imponga una serie de restricciones para garantizar alguno de los fines legítimos contenidos en el apartado 2º del art.10 CEDH[75]. En esta línea, la sentencia Rekvenyi de 20 de mayo de 1999 señalaba:

> «(…) *estos principios se aplican igualmente a los miembros de la función pública: si es legítimo que los Estados sometan a estos últimos a una obligación de reserva por razón de su estatuto, se trata, por otra parte, de individuos que como tales se benefician de la protección del artículo 10 del Convenio. Le corresponde, pues, al Tribunal, teniendo en cuenta todas las circunstancias del caso, analizar si se ha alcanzado un **justo equilibrio entre el derecho fundamental del individuo a la libertad de expresión y el interés legítimo de un Estado democrático de velar para que la función pública actúe de acuerdo con los fines enunciados en el artículo 10.2.** Al ejercer este control, el Tribunal ha de tener en cuenta que, desde el momento en que **entra en juego la libertad de expresión de los funcionarios,** «los deberes y responsabilidades» recogidos en el artículo 10.2 revisten una particular importancia que justifica dejar a las autoridades nacionales un cierto margen de apreciación para juzgar si la injerencia denunciada es proporcionada al objetivo legítimo en cuestión».*

Por consiguiente, los Estados disfrutan de cierto margen de apreciación en virtud del cual pueden establecer límites a la libertad de expresión de los funcionarios siempre y cuando (i)

---

75. Catalá I Bas, A. H. «Libertad de expresión y poderes públicos en la jurisprudencia del TEDH. Su recepción por el TC». *Revista de Administración Pública* nº156 Septiembre-diciembre 2001, pp.380.

éstos tengan por objeto salvaguardar los fines enunciados en el apartado 2° del art.10 CEDH y (ii) sean proporcionados al objetivo perseguido.

De acuerdo con la STEDH Ahmed y otros contra el Reino Unido de 2 de septiembre de 1998 la neutralidad política de los funcionarios tendría encaje en el apartado 2° del art.10 CEDH:

«*53. La Corte observa que el sistema de la administración local del Estado demandado se ha apoyado largo tiempo en una relación de confianza entre los miembros escogidos de un cuerpo permanente de funcionarios locales quienes, de una parte, asumen la responsabilidad de la puesta en marcha de las políticas adoptadas. Esta relación de confianza procede del **derecho de los miembros escogidos de las colectividades locales de poder contar, en el cumplimiento de sus funciones, con la asistencia de funcionarios políticamente neutros que muestren lealtad hacia el conjunto del consejo que les emplea. Los electores tienen asimismo el derecho de esperar de los elegidos por los que han votado que cumplan con su mandato dentro del respeto a los compromisos asumidos por ellos durante la campaña electoral y que la persecución de los objetivos así trazados no se marchite bajo el efecto de la oposición política de los propios consejeros; cabe señalar también que los ciudadanos pueden esperar que durante sus peticiones personales ante los servicios administrativos locales, serán asesorados por funcionarios políticamente neutrales y completamente ajenos a la lucha política**.*

El objetivo perseguido por el reglamento era reforzar esta tradición y garantizar que la eficacia del sistema de la democracia política local no sufriría la corrosión de la neutralidad política de ciertas categorías de funcionarios.

*54. Por las razones que preceden, **la Corte concluye que las injerencias que resultan de la aplicación del reglamento a los requirentes persigue un fin legítimo en el sentido del párrafo 2° del art.10: proteger los derechos de otros —miembros de las*** *asambleas locales y electores— a un régimen político verdaderamente democrático a nivel local[76].»*

La apoyatura de la moderación de la libertad de expresión de los funcionarios partiría, pues, de la defensa de derechos ajenos imprescindibles para la pervivencia del sistema democrático; en concreto:

1°) El derecho de los cargos electos de contar con una burocracia políticamente neutral y, en consecuencia, disponible para el desarrollo de programas electorales con independencia de su tinte político.

2°) El derecho de la ciudadanía a ser servida por funcionarios neutrales no inmersos en diatribas políticas.

Cabría apreciar cierto paralelismo entre estos dos extremos y las dos nociones de neutralidad que abordábamos en el punto I.i. de este mismo capítulo; esto es, de una parte, la disponibilidad burocrática y, de otra, la eficacia indiferente y objetiva.

Dicho lo cual, no queda sino reconocer que los límites a la libertad de expresión de los funcionarios son legítimos y que, de hecho, existen en nuestro ordenamiento jurídico. Ahora bien, como ha recordado nuestro Tribunal Constitucional, tales límites deberán ser acordes con la clase de funcionario que en cada caso se trate y con las circunstancias que en cada supuesto concurran y, de la misma forma, las sanciones que se pre-

---

76. La sentencia aludida plantea dos cuestiones de especial interés:

1°) Los funcionarios involucrados no eran policías ni miembros del ejército —a los que cabría exigir una mayor disciplina al descansar en ellos el uso de la fuerza y sobre los que se había pronunciado la Corte en otras ocasiones—.

2°) La sentencia expresamente advierte que la preservación del carácter democrático de un régimen político puede argüirse como justificación de restricciones de los derechos garantizados en el art.10.1 CEDH no solamente cuando exista una amenaza para la estabilidad del orden constitucional o político. Por lo tanto, esta posibilidad no está reservada a democracias en peligro sino que también es aplicable a regímenes democráticos consolidados.

vean deberán alinearse con la gravedad de la falta cometida[77]. Se exige, en suma, que en todo caso presida la debida proporcionalidad.

En este sentido, conviene señalar que, fuera de los supuestos en los que el funcionario utilice sus facultades para influir en procesos electorales y siempre que no estemos hablando de un procedimiento administrativo en particular, el quebranto de la neutralidad que a los servidores públicos es exigible constituye una falta leve[78].

---

77. STC 101/2003 de 2 de junio: «(...) *deben considerarse superados los tiempos en que era exigible una lealtad acrítica a los servidores públicos, que gozan del derecho reconocido en el art. 20.1 a) CE. En segundo lugar, que dadas las peculiaridades de la Administración pública es posible construir ciertos límites al ejercicio del citado derecho, límites que, sin embargo, dependerán de manera decisiva del tipo de funcionario de que se trate (SSTC 371/1993, de 13 de diciembre, FJ 4, y 29/2000, de 31 de enero, FJ 5). También tendrá relevancia el que la actuación tenga lugar en calidad de ciudadano o de funcionario y el que la misma ponga o no públicamente en entredicho la autoridad de sus superiores y comprometa el buen funcionamiento del servicio.*»

78. RD 33/1986 de 10 de enero por el que se aprueba el Reglamento de Régimen Disciplinario de los Funcionarios de la Administración del Estado.

Artículo 6.

Son faltas muy graves:

g) La violación de la neutralidad o independencia políticas, utilizando las facultades atribuidas para influir en procesos electorales de cualquier naturaleza y ámbito

Artículo 8.

Son faltas leves:

d) El incumplimiento de los deberes y obligaciones del funcionario, siempre que no deban ser calificados como falta muy grave o grave.

Decreto Legislativo 1/1997, de 31 de octubre, por el que se aprueba la refundición en un Texto único de los preceptos de determinados textos legales vigentes en Cataluña en materia de función pública

Artículo 115

Se considerarán como faltas muy graves:

g) La violación de la neutralidad o independencia políticas, utilizando las facultades atribuidas para influir en procesos electorales de cualquier naturaleza y ámbito.

Artículo 117

Se considerarán faltas leves:

iv. Especial intensidad del deber de neutralidad en periodo electoral

El artículo 50 de la Ley Orgánica 5/1985, de 19 de junio, del Régimen Electoral General, en su apartado primero, permite que los poderes públicos que en virtud de su competencia legal hayan convocado un proceso electoral puedan realizar durante el período electoral una campaña de carácter institucional destinada a informar a los ciudadanos sobre la fecha de la votación, el procedimiento para votar y los requisitos y trámite del voto por correo, sin influir, en ningún caso, en la orientación del voto de los electores.

Esta publicidad institucional se realizará en espacios gratuitos de los medios de comunicación social de titularidad pública del ámbito territorial correspondiente al proceso electoral de que se trate, suficientes para alcanzar los objetivos de esta campaña.

No obstante lo anterior, en el apartado segundo de la misma disposición legal se afirma que desde la convocatoria de las elecciones y hasta la celebración de las mismas queda prohibido cualquier acto organizado o financiado, directa o indirectamente, por los poderes públicos que contenga alusiones a las realizaciones o a los logros obtenidos, o que utilice imágenes o expresiones coincidentes o similares a las utilizadas en sus propias campañas por alguna de las entidades políticas concurrentes a las elecciones[79].

---

b) El incumplimiento de los deberes y obligación del funcionario, siempre que no constituya falta muy grave o grave.

Ley 1/1986, de 10 de Abril, de la Función Pública de la Comunidad De Madrid

Artículo 83.

Constituyen faltas muy graves:

g) La violación de la imparcialidad política utilizando facultades públicas con el fin de influir en procesos electorales de cualquier naturaleza y ámbito.

79. El punto segundo.2 de la Instrucción 2/2011, de 24 de marzo, de la Junta Electoral Central, sobre interpretación del artículo 50 de la Ley Orgánica del Régimen Electoral General, en relación al objeto y los límites de las campañas

Asimismo, el apartado tercero del artículo 50 establece que durante el mismo período queda prohibido realizar cualquier acto de inauguración de obras o servicios públicos o proyectos de éstos, cualquiera que sea la denominación utilizada, sin perjuicio de que dichas obras o servicios puedan entrar en funcionamiento en dicho periodo[80].

Como correlato de lo anterior, el apartado primero artículo 153 de la LOREG dispone que *toda infracción de las normas obligatorias establecidas en la presente Ley que no constituya delito será sancionada por la Junta Electoral competente. La multa será de 300 a 3.000 euros si se trata de autoridades o funcionarios y de 100 a 1.000 si se realiza por particulares.*

La jurisprudencia del Tribunal Supremo, al interpretar los preceptos señalados, ha puesto de relieve los siguientes extremos:

---

institucionales y de los actos de inauguración realizados por los poderes públicos en periodo electoral, reza:

Deben entenderse comprendidas en dicha prohibición, entre otras actividades, la edición y reparto durante el periodo electoral con financiación directa o indirecta de los poderes públicos, de libros, revistas, folletos, cuadernos, catálogos, trípticos, soportes electrónicos (cd, dvd, memorias usb, etc...); el envío de correos electrónicos o de mensajes sms; la distribución de contenidos por radiofrecuencia (bluetooth), o la inserción de anuncios en los medios de comunicación, que contengan alusiones a los logros obtenidos por cualquier poder público, o que utilicen imágenes, sintonías o expresiones coincidentes o similares a las empleadas en sus propias campañas por alguna de las entidades políticas concurrentes a las elecciones.

80. El punto tercero.2 de la Instrucción 2/2011, de 24 de marzo, de la Junta Electoral Central determina:

No se consideran incluidas en la prohibición establecida en el artículo 50.3 de la LOREG, las inauguraciones institucionales por autoridades de eventos de carácter comercial, industrial, profesional, económico, cultural, deportivo o lúdico, tales como congresos, ferias de muestras, festivales o fiestas populares, que se celebren de forma regular y periódica en fechas coincidentes con un periodo electoral, siempre que ni en la organización del evento ni en las intervenciones se contengan alusiones a las realizaciones o a los logros de las autoridades intervinientes, ni tampoco se induzca, directa o indirectamente, mediata o inmediatamente, el sentido del voto de los electores.

* La neutralidad que impone el artículo 50 LOREG es una de las específicas proyecciones que tiene el genérico mandato de objetividad que el artículo 103.1 de la Constitución proclama para la actuación de toda la Administración Pública (Sentencias de la Sala Tercera del Tribunal Supremo, de 28 de mayo de 2008, de 11 de noviembre de 2009 o de 5 de noviembre de 2014).

* Esta exigencia se agudiza en periodos electorales, haciendo posible el ejercicio del sufragio libre que consagra el artículo 68 de la Carta Magna. Según la sentencia del Tribunal Supremo de 28 de abril de 2016 *sufragio libre significa proclamar como un esencial designio de verdadera democracia el establecer un sistema electoral que garantice un marco institucional de neutralidad en el que el ciudadano pueda con absoluta libertad, sin interferencias de ningún poder público, decidir los términos y el alcance de su participación política.*

* En último término, la utilización de medios públicos institucionales vulnerando el principio de neutralidad comporta, a su vez, la quiebra del principio de igualdad al que se refiere el artículo 8.1 de la LOREG y el artículo 23.2 de la Constitución[81].

Podemos encontrar múltiples ejemplos en la jurisprudencia en los que se aprecia el quebranto del principio de neutralidad en periodo electoral:

* La sentencia del Tribunal Supremo de 11 de marzo de 2021 que confirmó la multa impuesta por la Junta Electoral Cen-

---

81. Art. 8.1 LOREG *La Administración electoral tiene por finalidad garantizar en los términos de la presente Ley la transparencia y objetividad del proceso electoral y del principio de igualdad.*

Art. 23.2 CE *Asimismo, tienen derecho a acceder en condiciones de igualdad a las funciones y cargos públicos, con los requisitos que señalen las leyes.*

tral en relación con un comunicado difundido por el Presidente de la Generalitat de Cataluña con ocasión del día de Sant Jordi de 2019, a través de los canales institucionales de la Administración autonómica. Dicho comunicado contenía diversas consideraciones sobre el denominado «procés». Como consecuencia del mismo hubo una denuncia ante la Junta Electoral Central por infracción del artículo 50.2 LOREG, imponiéndose la multa referida.

- La sentencia del Tribunal Supremo de 26 de mayo de 2021 que confirmó un acuerdo de la Junta Electoral Central que estimó parcialmente una reclamación planteada, por infracción del artículo 50.2 LOREG, en relación con una entrevista al Presidente del Gobierno en funciones durante el periodo electoral en el programa «Al Rojo Vivo» de una cadena privada de televisión. La estimación se fundó en las circunstancias siguientes:

  — La entrevista se realizó en una de las salas del palacio de la Moncloa empleando una escenografía concreta en la que se utilizaron símbolos y elementos públicos.
  Ello implicó poner al alcance de uno de los contendientes en las elecciones la posibilidad de utilizar medios institucionales que no podían emplearse por los restantes candidatos, con el consiguiente quebrantamiento del principio de igualdad de armas.

  — La transcripción de la entrevista estuvo disponible en la página institucional de Presidencia de Gobierno en internet (www.lamoncloa.es), lo que evidenció la utilización de una página pública oficial para la difusión de manifestaciones de contenido electoralista.

- La sentencia del Tribunal Supremo de 24 de mayo de 2021 (rec. 142/2020) desestimó el recurso interpuesto contra el acuerdo de la Junta Electoral Central que impuso una multa por infracción del artículo 50.2 LOREG. La infracción consistió en que, estando convocadas elecciones generales, la Ministra Portavoz del Gobierno, al inicio de la rueda de prensa posterior al Consejo de Ministros, declaró que el paro estaba en *la tasa más baja de la última década*, que *nunca ha habido tantas personas en el mercado laboral* o *vamos a seguir trabajando para conseguir que este país tenga el Gobierno fuerte que se merece*.

La Junta Electoral Central entendió que hacer esas manifestaciones en esas circunstancias suponía atentar contra el artículo 50.2 LOREG, que prohíbe las llamadas *campañas de logros*, esto es, realizar cualquier acto que *contenga alusiones a las realizaciones o a los logros obtenidos*[82].

• La sentencia del Tribunal Supremo de 16 de marzo de 2021 (rec. 348/2019) que confirmó la multa impuesta por la Junta Electoral Central por razón de un correo electrónico enviado el día de Sant Jordi por el Presidente de la Generalitat a todos los funcionarios de esta, habiéndose convocado elecciones generales, en el que se contenían expresiones como *nefasto 155* o *no tendremos al President... y a los Consellers de su Gobierno que están con él en el exilio o que están en prisión*.

En este sentido, la Junta Electoral Central consideró que el Presidente de la Generalitat, aprovechando su condición de tal, remitió a los funcionarios públicos una carta en la que contravino el principio de neutralidad que los poderes públicos de-

---

82. Sobre esta cuestión es de interés la sentencia del Tribunal Supremo de 19 de noviembre de 2014 (Sala de lo Contencioso-Administrativo, Sección 7ª) en la que se indica que (FJ Cuarto): ... *ha de convenirse que el empleo, al ser una de las cuestiones que más preocupan a la ciudadanía, constituye uno de los temas centrales del debate político y, por esta razón, la organización y financiación por el poder público de actuaciones informativas y de difusión sobre las soluciones que los titulares de dicho poder hayan adoptado en dicha materia resulta contraria a la prohibición que contiene el antes mencionado artículo 50.2 de la LOREG.*

ben respetar durante el período electoral, al incluirse afirmaciones o expresiones coincidentes con las de algunas de las formaciones políticas concurrentes a las elecciones.

II. DISTINCIÓN ENTRE EL EJECUTIVO Y LA ESTRUCTURA ADMINISTRATIVA

i. Gobierno y Administración

La Constitución de Cádiz de 1812 en su art.13 señalaba que *el objeto del Gobierno es la felicidad de la nación*. Pese a lo poético de la expresión y a ciertas alusiones al «Gobierno» dispersas en nuestro primer texto constitucional, lo cierto es que no fue hasta la Constitución de 1931 que el Gobierno como órgano recibió un tratamiento individualizado. De esta forma, la constitución republicana dedicaría un título a esta cuestión, ofreciendo una regulación sistemática y completa[83].

La actual Constitución de 1978 aborda esta materia en su título IV, bajo la rúbrica *Del Gobierno y de la Administración*. De las previsiones contenidas en dicho título la doctrina ha concluido que el Gobierno es un órgano constitucional inmediato, colegiado y complejo; dotado de competencias propias y, por consiguiente, no configurado como un órgano comisionado ni de mera ejecución.

Nuestra Norma Normarum presenta un Ejecutivo con unos contornos precisos y, así, en su art.97 proclama sus funciones al indicar: *El Gobierno dirige la política interior y exterior, la Administración civil y militar y la defensa del Estado. Ejerce la función ejecutiva y la potestad reglamentaria de acuerdo con la Constitución y las leyes*. Idéntica expresión recoge el art.1.1 de la Ley del Gobierno 50/1997 de 27 de noviembre.

---

83. Jiménez Asensio, R. Dirección de la Administración Pública como función del Gobierno. *R.V.A.P* núm. 34 (II), p. 4 y 5.

En lo tocante a su composición, el art.98.1 CE recuerda que se constituye del Presidente, de los Vicepresidentes, en su caso, de los Ministros y de los demás miembros que establezca la ley. En términos simétricos se pronuncia el art.1.2 de la Ley del Gobierno.

La Administración, por el contrario, no goza de un tratamiento diferenciado e integral en la Carta Magna, limitándose el art.103 a enmarcar sus principios rectores, a someter a los órganos administrativos al imperio de la ley y a trazar las líneas maestras de la función pública. El grueso de la regulación de la Administración se encuentra en normas de rango legal.

Dicho esto, conviene poner de relieve que la neutralidad es exigible:

i. A la Administración territorial —estatal, autonómica y local—.

ii. Al sector público institucional[84] que, de acuerdo con el artículo 2.2 de la Ley 40/2015, de 1 de octubre, de Régimen Jurídico del Sector Público, está integrado por:

— Cualesquiera organismos públicos y entidades de derecho público vinculados o dependientes de las Administraciones Públicas.

— Las entidades de derecho privado vinculadas o dependientes de las Administraciones Públicas.

— Las Universidades públicas.

iii. Al sector público corporativo[85].

---

84. Sentencia del Tribunal Supremo de 21 de noviembre de 2022 n° 1536/2022 (rec. 6426/2021), Sentencia del Tribunal Superior de Justicia de Cataluña (Contencioso), sec. 5ª, S 21 de junio de 2021, n° 3028/2021.

85. Sentencia del Tribunal Superior de Justicia de Madrid de 25 de julio de 2018, Sentencia del Tribunal Constitucional n° 5/2021 de 25 de enero de 2021 o

El deslinde entre estas dos instituciones, Gobierno y Administración, parece intuirse en la lectura de los arts. 97 y 103 CE antes transcritos. En este sentido, García de Enterría ha señalado que *una tendencia común entre todos los estados occidentales está llevando resueltamente a una verdadera separación entre Gobierno y Administración, o al menos a la neutralización política de ésta*[86]. De esta línea divisoria también se hizo eco la pretérita Ley 30/1992 del Régimen Jurídico de las Administraciones Públicas y el Procedimiento Administrativo Común la cual, en el apartado 1º de su Exposición de Motivos, afirmaba:

> *La Constitución recoge en el título IV los principios que inspiran la actuación administrativa y garantizan el sometimiento pleno de su actividad a la Ley y al Derecho, y configura al Gobierno de la Nación como un órgano eminentemente político que dirige la Administración y ejerce la potestad reglamentaria.*
>
> *En el ordenamiento que tuvo su origen en el régimen autocrático precedente se venía reduciendo el Gobierno al Órgano Superior en el que culmina la Administración del Estado y, en consecuencia, concibiéndolo como un mero apéndice o prolongación de la misma, con la que compartiría, en buena medida, su naturaleza administrativa. El artículo 97 de la Constitución arrumba definitivamente esta concepción y recupera para el Gobierno el ámbito político de la función de gobernar, inspirada en el principio de legitimidad democrática. Se perfilan así con nitidez los rasgos propios que definen al Gobierno y a la Administración como instituciones públicas constitucionalmente diferenciadas y los que establecen la subordinación de la Administración a la acción política de dirección del Gobierno.*

Sentencia del Tribunal Superior de Justicia de Cataluña nº 959/2016 de 1 de diciembre de 2016.

86. GARCÍA DE ENTERRÍA, E. *Democracia, jueces y control de la Administración.* Civitas (1995), p.112.

Esta diferenciación subsiste en la actual Ley 40/2015 de 1 de octubre de Régimen Jurídico del Sector Público que, en el apartado 1° de su preámbulo, reza:

> *Se conserva como texto independiente la Ley del Gobierno, que por regular de forma específica la cabeza del poder ejecutivo de la nación, de naturaleza y funciones eminentemente políticas, debe mantenerse separada de la norma reguladora de la Administración Pública, dirigida por aquél. De acuerdo con este criterio, la presente Ley modifica aquella, con el objeto de extraer aquellas materias que, por ser más propias de la organización y funciones de los miembros del gobierno en cuanto que órganos administrativos, deben regularse en este texto legal.*

De ello se colige que el Gobierno debe ser concebido desde una doble faz: como órgano de dirección política del Estado pero, simultáneamente, como órgano superior de la Administración[87]. El Ejecutivo goza, en consecuencia, de una naturaleza bifronte: es un órgano constitucional cuyo estatuto básico queda definido en el título IV de la Constitución, y es un órgano administrativo de dirección, tal y como se desprende del art.3.3 Ley del Régimen Jurídico del Sector Público 40/2015[88] [89]. Como correlato de lo anterior, la Administración opera, en su relación

---

87. No en vano, los Ministros se sitúan en la cúspide de la Administración Pública organizada en virtud de ámbitos materiales de actuación.

88. Art.3.3 Ley 40/2015:*Bajo la dirección del Gobierno de la Nación, de los órganos de gobierno de las Comunidades Autónomas y de los correspondientes de las Entidades Locales, la actuación de la Administración Pública respectiva se desarrolla para alcanzar los objetivos que establecen las leyes y el resto del ordenamiento jurídico.*

89. García Llovet, E. Control del acto político y garantía de los derechos fundamentales. El derecho a un proceso sin dilaciones indebidas. A propósito de la STC 45/1990, de 15 de marzo. *Revista Española de Derecho Constitucional.* Año 12. Núm. 36. Septiembre-Diciembre 1992, p.238.

con el Gobierno, desde una clave, en cierta forma, vicarial[90][91][92].

ii. Criterios de deslinde

La diferencia entre Administración y Gobierno puede abordarse desde diferentes perspectivas: desde su fundamento, desde los sujetos que los integran o desde las funciones atribuidas. Vaya por delante que la separación de la que hablamos —aparentemente diáfana— plantea no pocas complicaciones y puntos ciegos.

a) Distinción desde su legitimidad

¿Cuál es el fundamento de cada una de estas dos figuras?, ¿cuál es la razón concreta que explica la diferente posición que ocupan el Ejecutivo y la Administración? El motivo se encuentra en su dispar legitimación. En efecto, el Gobierno disfruta de una legitimación democrática indirecta articulada en torno a la investidura del Presidente del Gobierno (art.99 CE) que convierte a éste último en depositario de la confianza de la Cámara y, en tanto que tal, en artífice del Gobierno mediante el nombramiento y separación de sus miembros (art.100 CE y art.2.k Ley del Gobierno 50/1997).

---

90. Jiménez Asensio, R. *Comentario a la Constitución Española*. 40 aniversario. Coordinadora Montesinos Padilla, C. Tirant lo Blanc (2018) p.1497

91. La Constitución francesa de 1958 es especialmente clara en este punto; de esta forma, su art.20 reza:

El Gobierno determinará y dirigirá la política de la Nación.

Dispondrá de la Administración y de la fuerza armada.

Será responsable ante el Parlamento en las condiciones y conforme a los procedimientos establecidos en los artículos 49 y 50.

92. En esta línea, la STS de 25 de octubre de 1990 hace mención a esta condición bifronte del Consejo de Ministros como *órgano superior* de la Administración Pública y, al mismo tiempo, como sujeto titular de otras funciones que le confía la Constitución en las que *predomina un principio de conveniencia y oportunidad política*.

Por el contrario, la legitimidad de la Administración tiene en el principio democrático un asidero muy lejano. Como señala Jiménez Asensio, *la legitimidad democrática de la Administración Pública se encuentra tímidamente ligada al momento fundacional (esto es, al constituyente) e, indirectamente, a través de la legitimación democrática de otros órganos de los cuales en última instancia depende*[93]. La Administración democrática descansa sobre una legitimación racional o de dependencia legal pero, ante todo, sobre el saber profesional especializado. Los artículos 103.3 CE y 1.3 letras «b» y «g» del Real Decreto Legislativo 5/2015 de 30 de octubre, por el que se aprueba el texto refundido de la Ley del Estatuto Básico del Empleado Público, dibujan una organización fuertemente marcada por los principios de mérito y capacidad, siendo que la legitimación administrativa radica —como decimos— en la estructura profesional de su organización.

b) Distinción desde sus integrantes

En estrecha relación con lo anterior, ¿qué personas forman el ejecutivo y cuáles la estructura administrativa?, ¿de qué modo son reclutadas?, ¿dónde se traza la frontera entre los sujetos incluidos en una y otra organización?

De acuerdo con el art. art.2.1 Ley 50/1997, el Gobierno se compone del Presidente, del Vicepresidente o Vicepresidentes, en su caso, y de los Ministros. No se ha empleado, pues, la opción que brinda el art.98 CE de incluir en el Ejecutivo a otros miembros *que establezca la ley*[94]. En nuestra Carta Magna parece utilizarse indistintamente el término Gobierno y Consejo

---

93. Jiménez Asensio, R. Dirección de la Administración Pública como función del Gobierno. *R.V.A.P* núm. 34 (II), p. 12.

94. Los Gobiernos autonómicos se describen de forma pareja en los respectivos Estatutos de Autonomía; por ejemplo, el art.68.2 del Estatuto de Autonomía de Cataluña reza: *El Gobierno se compone del Presidente o Presidenta de la Generalitat, el Consejero Primero o Consejera Primera, si procede, y los Consejeros.*

de Ministros, siendo ampliamente consideradas acepciones equivalentes[95]. Por lo demás, el nombramiento de Vicepresidentes y Ministros corresponderá al Rey, si bien —como no podría ser de otro modo y como ya avanzábamos— se realiza a propuesta del Presidente del Gobierno (art.100 CE y art.12.2 Ley 50/1997).

Los Secretarios de Estado, por lo tanto, no forman parte del Gobierno sino que aparecen como órganos de apoyo del mismo[96]. En estos términos se expresa la Exposición de Motivos de la Ley 50/1997 del Gobierno al señalar:

> *Por lo que respecta a los Secretarios de Estado, se opta por potenciar su «status» y su ámbito funcional sin llegar a incluirlos en el Gobierno. Serán órganos de colaboración muy cualificados del Gobierno, pero no miembros, si bien su importancia destaca sobre el resto de órganos de colaboración y apoyo en virtud de su fundamental misión al frente de importantes parcelas de actividad política y administrativa, lo que les convierte, junto con los Ministros, en un engarce fundamental entre el Gobierno y la Administración.*

De esta forma, tal como prevé el art.7.1 del citado texto legal[97], los Secretarios de Estado son órganos superiores de la Administración General del Estado, directamente responsables de la ejecución de la acción de Gobierno en un sector de actividad específica de un Departamento o de la Presidencia del Gobierno. Con todo, su nombramiento y cese —efectuado por Real Decreto del Consejo de Ministros, aprobado a propuesta del Presidente del Gobierno o del miembro del Gobierno a

---

95. Adviértase que, por ejemplo, el art. 88 CE alude al *Consejo de Ministros* como aquél a quien corresponde la aprobación de proyectos de ley antes de su remisión al Congreso mientras que, por su parte, el art. 86 CE permite al *Gobierno* dictar Decretos-leyes en casos de extraordinaria y urgente necesidad.

96. Sin perjuicio de que puedan asistir a las reuniones del Consejo de Ministros (art.5.2 Ley 50/1997).

97. En términos similares artículo 62.1 Ley 40/2015, de 1 de octubre.

cuyo Departamento pertenezcan (art.15.1 Ley 50/1997)— rezuma una aroma manifiestamente político.

Y es que, pese a que los altos cargos deben conducirse con arreglo a los principios de servicio al interés general y de objetividad (art.3.1 letras «a» y «c» Ley 3/2015 reguladora del ejercicio de alto cargo de la Administración General del Estado), resulta inevitable preguntarse si aquellos que no forman parte del Ejecutivo desde una óptica técnico-jurídica pueden ser considerados Gobierno en un sentido lato. Parte de la doctrina, atendiendo al denominado «principio de la decisión», ha afirmado que *constituye Gobierno en términos políticos, aquel conjunto de órganos donde se adoptan las decisiones fundamentales que conforman la política general del Estado y que dirigen su ejecución*[98].

Por lo que respecta a la Administración, son empleados públicos quienes desempeñan funciones retribuidas en aquélla al servicio de los intereses generales. Dichos empleados se clasifican en: funcionarios de carrera, funcionarios interinos, personal laboral y personal eventual (art.8 Real Decreto Legislativo 5/2015). Asimismo, el acceso al empleo público debe vehicularse inexcusablemente a través de mecanismos de selección que den virtualidad a los principios de mérito y capacidad (art.1.3.b, 55.1 y 61.2 Real Decreto Legislativo 5/2015 y art.103.3 CE). Tales instrumentos se identifican, respecto a funcionarios de carrera y personal laboral fijo, con el sistema de concurso, oposición o concurso-oposición libre (art.61 apartados 6° y 7° Real Decreto Legislativo 5/2015, art.91.2 Ley de Bases del Régimen Local 7/1985 de 2 de abril y art.4.1 RD 364/1995 de 10 de marzo por el que se aprueba el Reglamento General de Ingreso del personal al servicio de la Administración General del Estado y provisión de puestos de trabajo y promoción profesional de los funcionarios civiles de la Administración General del Estado). De otra parte, en cuanto al cese, es preciso hacer hincapié en

---

98. JIMÉNEZ ASENSIO, R. Dirección de la Administración Pública como función del Gobierno. *R.V.A.P* núm. 34 (II), p.17.

el derecho de todo funcionario de carrera a la inamovilidad en su condición de tal (art.14.a RD Legislativo 5/2015) lo que, sin lugar a dudas, coadyuva a salvaguardar su independencia de criterio e imparcialidad.

Conviene puntualizar, no obstante, que la intensidad y el rigor exigidos en el aludido acceso no son trasladables a la progresión en la carrera pues así lo ha mantenido nuestro máximo intérprete constitucional[99]. Es en este punto en el que entra en juego la figura de la «libre designación», contemplada en los arts. 20.1.b de la Ley 30/1984, 51 y ss. RD 364/1995 y 78.2 Real Decreto Legislativo 5/2015. Con arreglo al art.80 del Real Decreto Legislativo 5/2015 la libre designación con convocatoria pública de funcionarios de carrera *consiste en la apreciación discrecional por el órgano competente de la idoneidad de los candidatos en relación con los requisitos exigidos para el desempeño del puesto.*

Según la sentencia del Tribunal Supremo (Contencioso) de 19 de abril de 2022 (rec. 133/2021) este sistema permite cubrir cargos de especial responsabilidad sin integrar los conceptos de «mérito y capacidad» con base en baremos o criterios reglados. Se trata de una elección basada en la libre apreciación de la idoneidad para el puesto según sus requerimientos y funciones, pero lo *determinante es la confianza que tiene quien nombra en el nombrado por razón de la valía e idoneidad —siempre profesionales— del funcionario elegido para el puesto, más en sus cualidades personales concretadas en la actitud,*

---

99. STC 293/1993 de 18 de octubre: (...) *es diferente el rigor e intensidad con que operan los principios de mérito y capacidad según se trate del inicial ingreso en la función pública o del ulterior desarrollo o promoción de la propia carrera administrativa, pues en el supuesto de provisión de puestos de trabajo entre personas que ya han accedido a la función pública, y por ende acreditado los requisitos de mérito y capacidad, cabe tener en cuenta otros criterios distintos enderezados a lograr una mayor eficacia en la organización y prestación de los servicios públicos o satisfacer otros bienes constitucionalmente protegidos* (...).

motivación o identificación con los objetivos marcados para el puesto.

A pesar de lo anterior, y de acuerdo con la sentencia citada, al desenvolverse la discrecionalidad de la libre designación en el ámbito de la provisión de puestos entre funcionarios de carrera deben tenerse en cuenta los siguientes extremos:

1°) Deben regir los principios constitucionales de igualdad, mérito y capacidad.

2°) Por ello, aun cuando la idoneidad es de libre apreciación, debe fundarse en un juicio coherente con las exigencias del puesto.

3°) El juicio sobre el mérito tiene por objeto la valoración de la trayectoria profesional del candidato (esto es, el bagaje profesional que ha ido forjando un funcionario a lo largo de su vida profesional a través del estudio, preparación, experiencia, destinos, etc.).

Al fin y al cabo, el funcionario que aspira a un cargo de libre designación ejerce el derecho a la carrera profesional —entendida como la progresión horizontal o vertical según criterios de mérito y capacidad contrastados—, luego esa discrecionalidad debe ser acorde con la expectativa de progresar profesionalmente a base de mejorar el nivel de competencia profesional.

4°) Al ejercerse una potestad discrecional es imprescindible la correspondiente motivación (artículo 35.1.i Ley 39/2015); esta:

— Deberá exteriorizar las razones esenciales por las que ha sido preferido un candidato frente a otro u otros. Dichas razones deberán ser reconducibles a estándares de mérito y capacidad debidamente identificados.

— Deberá exponer cómo el candidato se ajusta a los fines u objetivos que la Administración asigna al cargo o puesto para el que se le nombra y a cómo quiere que se satisfagan.

Esta figura, de otra parte, habilita el cese discrecional[100]; no obstante, en ese caso deberá asignarse un puesto de trabajo conforme al sistema de carrera profesional propio de cada Administración Pública y con las garantías inherentes de dicho sistema (art.80.4 RD Legislativo 5/2015).

Expuesto cuanto antecede, no queda sino concluir que el deslinde basado en criterios subjetivos ofrece una frontera en ocasiones porosa entre lo político y lo administrativo.

c) *Distinción desde sus funciones*

Es posible, por último, diferenciar Gobierno y Administración atendiendo a las funciones encomendadas a uno y otro; en otras palabras, distinguiendo en qué consisten las tareas que competen al Ejecutivo de la labor estrictamente administrativa.

Sobre este extremo, nuestro máximo intérprete constitucional afirmaba en su sentencia n° 45/1990 de 15 de marzo que las actuaciones políticas del Gobierno son aquellas *que otor-*

---

100. Sentencia de TSJ de Cataluña de 4 de mayo de 2004: *Haciendo aplicación de la normativa anteriormente expuesta y como ha sido reiterado en innumerables pronunciamientos jurisprudenciales, no existe duda acerca de la posibilidad que un funcionario, como en el caso que nos ocupa, adscrito a un puesto de trabajo por libre designación pueda ser removido con carácter discrecional por el mismo órgano que lo designó, en el ámbito de la discrecionalidad de que dispone la Administración, en la que del mismo modo que fue discrecional su nombramiento, también será discrecional su cese, motivándose la competencia para adoptarlo y recayendo sobre el interesado la carga de acreditar, si no se conforma con la remoción que ésta se produjo arbitrariamente (STS 6-2-1995 [RJ 1995, 2109] , 24-5-1995 [RJ 1995, 4288] , 20-12-1997 [RJ 1998, 717] y 3-2-1998 [RJ 1998, 2083], entre otras, y SSTC 100/1987 [RTC 1987, 100], 14/1991 [RTC 1991, 14]) (RJ 2000, 3202).*

gan prioridad a unas u otras parcelas de acción que le corresponde, salvo que esta prioridad resulte obligada en ejecución de lo dispuesto por las leyes.

La sentencia mencionada no describe de forma diáfana qué son las actuaciones gubernativas del Ejecutivo ni tampoco incorpora una enumeración exhaustiva de las mismas; sin embargo, sí ofrece una *zona de certeza al otorgarle tal condición a la iniciativa legislativa y en general a los actos que emanen del Título V de la Constitución*[101]. El Tribunal Supremo, por su parte, en sentencia de 12 de junio de 1979 identificaba los quehaceres políticos con *grandes decisiones del Estado* residenciables exclusivamente en el Gobierno por su extrema relevancia.

En este sentido, el desglose contenido en el art.5.1 de la Ley del Gobierno 50/1997 constituye un punto de partida por cuanto concreta alguna de las funciones que encapsula el art.97 CE[102].

---

101. MARCHECO ACUÑA, B., El control jurisdiccional de los actos políticos del Gobierno en el derecho español. *Revista Internacional de Estudios de Derecho Procesal y Arbitraje* n°2, 2015, p. 21.

102. Art.5.1 Ley 50/1997:

Al Consejo de Ministros, como órgano colegiado del Gobierno, le corresponde el ejercicio de las siguientes funciones:

a) Aprobar los proyectos de ley y su remisión al Congreso de los Diputados o, en su caso, al Senado.

b) Aprobar el Proyecto de Ley de Presupuestos Generales del Estado.

c) Aprobar los Reales Decretos-leyes y los Reales Decretos Legislativos.

d) Acordar la negociación y firma de Tratados internacionales, así como su aplicación provisional.

e) Remitir los Tratados internacionales a las Cortes Generales en los términos previstos en los artículos 94 y 96.2 de la Constitución.

f) Declarar los estados de alarma y de excepción y proponer al Congreso de los Diputados la declaración del estado de sitio.

g) Disponer la emisión de Deuda Pública o contraer crédito, cuando haya sido autorizado por una Ley.

h) Aprobar los reglamentos para el desarrollo y la ejecución de las leyes, previo dictamen del Consejo de Estado, así como las demás disposiciones reglamentarias que procedan.

i) Crear, modificar y suprimir los órganos directivos de los Departamentos Ministeriales.

Llegados a este punto, ¿cómo delimitar la dirección de la Administración que corresponde al Gobierno de la actividad administrativa propiamente dicha? Según López Guerra la función de dirección *implica una capacidad de impulso originario, de creación, que se atribuye a un órgano y no a otros y que puede calificarse de política en cuanto innovadora y creadora y no meramente ejecutora de mandatos de otros*[103].

Parejo Alfonso dibuja un binomio que pivota sobre el eje actividad político-directiva del Gobierno y actividad burocrático-dirigida de la Administración; aquélla se sitúa en el contexto de los órganos constitucionales generales o nacionales integrantes de la organización directiva del Estado y ésta se ubica en el contexto de la vida social para la realización práctica de los intereses colectivos en relación directa, constante y ordinaria con los ciudadanos[104].

En palabras de Martínez Nieto, pertenecen a la esfera política decisiones tales como enviar o no a las fuerzas navales a un conflicto pesquero con potencia extrajera, decidir si se construye o no una cantera o un puente, decidir a qué tipo de actividades privadas se destinarán subvenciones públicas, establecer las más importantes decisiones económicas, determinar los criterios de la defensa y seguridad, aprobar los programas del gobierno, fijar las directrices administrativas en todas las áreas, optar por un modelo u otro para la gestión de la sanidad o la educación, privatizar o desregular servicios públicos, y un largo etcétera[105].

---

j) Adoptar programas, planes y directrices vinculantes para todos los órganos de la Administración General del Estado.

k) Ejercer cuantas otras atribuciones le confieran la Constitución, las leyes y cualquier otra disposición.

103. JIMÉNEZ ASENSIO, R. Dirección de la Administración Pública como función del Gobierno. *R.V.A.P* núm. 34 (II), pp.4.

104. PAREJO ALFONSO, L. El Gobierno de la Nación y los Gobiernos de las Autonomías, *Documentación Administrativa*, No. 188 1980, p. 141.

105. MARTÍNEZ NIETO, A. Control judicial de políticas públicas. Comentarios al Proyecto de Ley de la Jurisdicción Contencioso Administrativa, *revista La Ley n° 4387*, octubre 1997, p.3.

Dicho lo cual, la dirección de la Administración por parte del Ejecutivo puede desplegarse, como señalábamos con anterioridad, a través del diseño de la alta Administración y el nombramiento de puestos directivos de confianza. Junto con esta vía existen otros cauces tales como el uso de instrumentos normativos a disposición del Gobierno.

Desde este prisma la dirección de la Administración por parte del Gobierno equivale al ejercicio de la iniciativa legislativa (art.87 CE) o, en su caso, la producción normativa directa (Título V de la Ley 50/1997). La iniciativa legislativa puede traducirse en proyectos de ley aprobados en Consejo de Ministros y sometidos al Congreso (art.88 CE y art.127 párrafos 1º y 2º Ley 39/2015), así como en Decretos Legislativos (arts. 82 y ss. CE) y en Decretos Leyes (art. 86 CE, 24.1.a Ley 50/1997, art.127 párrafo 3º Ley 39/2015 y art.24.1.a Ley 50/1997). De otra parte, la potestad reglamentaria queda reconocida no solamente en el art.97 CE sino también en los arts.24.2 Ley 50/1997 y 128 Ley 39/2015, extendiéndose en virtud de este último, no solamente al Gobierno de la Nación sino, también, a los órganos de gobierno de las Comunidades Autónomas e, incluso, a los órganos de gobierno locales (arts. 124.4.g y 127.1.a LBRL 7/1985).

La facultad normativa aludida se desarrolla en una triple dirección de incidencia para la Administración:

a) En el diseño de la estructura administrativa, identificando y disciplinando los órganos que la conforman. No en vano, conforme al art.103.2 CE, los órganos de la Administración del Estado son creados, regidos y coordinados de acuerdo con la ley.

En este punto conviene mencionar también las instrucciones y órdenes de servicio contempladas en el art.6 de la Ley 40/2015 de 1 de octubre del Régimen Jurídico del Sector Público que, pese a que no son normas en sentido estricto desde el punto y hora en que no innovan el ordenamiento jurídico, constituyen una manifestación de la potestad de autoorganización administrativa y permiten a los más altos niveles de la Administración Pública (designados por el Ejecutivo) encauzar la actividad de los órganos inferiores, jerárquicamente dependientes.

b) Puede tener por finalidad regular ámbitos materiales o sustantivos sobre los que debe proyectarse el obrar administrativo, identificando sectores que merecen una atención y actuación prioritaria.

c) Asimismo, la privilegiada posición del Gobierno en la elaboración, debate y aprobación de la ley de presupuestos trasluce un potentísimo instrumento directivo.

En efecto, la meritada ley es la llave que habilita el gasto (art.134.2 CE), el útil que permite poner el acento en sectores y políticas de interés para el Ejecutivo, a implementar a posteriori por la Administración. De esta manera, por medio de la ley de presupuestos se dota de más medios a aquellos entes u órganos administrativos encargados de velar por el correcto funcionamiento de cierto ámbito sustantivo o material que resulta preferente para el Gobierno, en consonancia con su ideario político.

De la carga política de la distribución presupuestaria se hizo eco la sentencia del Tribunal Supremo (Contencioso-Administrativo) n° 750 de 2 de octubre de 1987 (FJ 3°) al señalar:

La cuantía de los presupuestos de cada Administración, su distribución y la consignación de las cantidades necesarias para que los servicios de sus respectivas competencias estén dotados de los medios personales, financieros y materiales que posibiliten una prestación eficiente en una actividad netamente política, cuyo control y, en su caso, exigencia de responsabilidad tiene lugar por los cauces políticos antes señalados, excluida por tanto del control de los Tribunales, pues lo contrario supondría que cada ciudadano podría postular ante los Tribunales que los órganos de Gobierno de la Administración del Estado, Comunidad Autónoma, Pro-

vincia o Municipio, de acuerdo con sus respectivas competencias, dotaran de mejores servicios sanitarios, de enseñanza, comunicaciones, etc., a un territorio determinado, alegando su interés en la prestación de ese servicio y sus deficiencias respecto a los prestados en otros ámbitos territoriales de la misma Administración que tiene competencia para la gestión de esos servicios.

Dicho esto, ¿cuál es el rol reservado a la Administración? Pues bien, ésta deberá traducir al mundo real los objetivos preestablecidos en las leyes que, naturalmente, deberán ser acordes con la Constitución. Este tránsito, pues, recorre lo proyectado hacia lo tangible siendo que, en ocasiones, presenta amplias hechuras entre las que se moverá la discrecionalidad técnico-administrativa. En otras palabras, las normas no siempre son capaces de aprisionar todos y cada uno de los supuestos fácticos que la realidad nos regala; las disposiciones legales y reglamentarias, por consiguiente, no siempre descienden al detalle. Siendo ello así, para alcanzar las metas prefijadas en la norma que no define la concreta senda a seguir, la Administración tendrá ante sí múltiples caminos. La estructura administrativa deberá, entonces, elegir el cauce apropiado, con estricta sujeción a la ley, blandiendo la imparcialidad como consigna y en concordancia con los principios de eficacia y de eficiencia (arts.9.1 y 103.1 CE).

III. ACTOS POLÍTICOS Y ACTOS ADMINISTRATIVOS

La distinción del Ejecutivo desde sus funciones permite diferenciar entre dos clases de actos expresivos del ejercicio de una u otra labor: los actos políticos y los actos estrictamente administrativos.

i.   Los actos políticos

a) Origen histórico

El nacimiento del concepto de acto político se sitúa en la restauración borbónica en Francia, tras la caída del imperio napoleónico. Por aquel entonces el Consejo de Estado francés fue severamente cuestionado desde muy diversos frentes; de una parte, por los liberales dado el origen napoleónico de aquél y, de otra, por los ultramonárquicos, quienes le recriminaban que hubiera consolidado la situación de los adquirentes de bienes nacionales. El Conseil d'État, viendo peligrar su propia existencia, decidió auto-restringir su ámbito competencial mediante una doble vía: derivando el conocimiento de los asuntos a los tribunales ordinarios y creando la figura del «acto político».

La significación de este término evolucionó, discurriendo por tres estadios distintos. El primero de ellos se inauguró con el arrêt Laffite de 1 de mayo de 1822 en el cual se puso en valor la «teoría del móvil político»: un acto era gubernativo o político —y, en consecuencia, se encontraba excluido del control jurisdiccional— si el fin que movía a los dirigentes a adoptarlo tenía un carácter político (con independencia, pues, de su contenido material)[106]. El segundo estadio se abrió paso con el advenimiento de la III República en 1870, época en la que se abandonó la tesis del móvil político para abrazar la teoría de la naturaleza del acto, a partir del arrêt Prince Napoléon de 19 de

---

106.   Napoleón concedió a su hermana Paulina Borjrhese una renta de 670.000 francos, renta que posteriormente fue adquirida por el banquero Laffite. En virtud de una ley de 12 de mayo de 1826 se privó a la familia Bonaparte de los bienes que hubiese adquirido a título gratuito y, por lo tanto, también de la renta conferida en su día. Laffite impugnó ante el Consejo de Estado la negativa del Ministerio de Finanzas de abonarle el importe de las cuotas vencidas antes de la entrada en vigor de la ley. El Consejo de Estado eludió entrar en el fondo del asunto esgrimiendo que la reclamación versaba sobre cuestiones políticas que sólo al Gobierno incumbían.

febrero de 1875[107]. Esta nueva tesis se adentraba en el contenido del acto distinguiendo entre las funciones de gobernar y de administrar, de suerte que *aquélla implicaba garantizar, mediante actos de principio, la marcha de los servicios públicos y la seguridad interior y exterior,* y ésta *aseguraba la aplicación diaria de las leyes y el funcionamiento ordinario de los servicios públicos*[108]. Por último, la concepción actual de acto de gobierno en derecho francés queda estrictamente circunscrita a las relaciones entre el Ejecutivo y el Legislativo así como a las relaciones internacionales.

En España la Ley de la Jurisdicción Contencioso-Administrativa de 13 de septiembre de 1888 (Ley Santamaría Paredes) introdujo por vez primera esta figura al sustraer del orden contencioso *las cuestiones que por la naturaleza de los actos de los cuales procedan, o de la materia sobre la que versen, se refieran a la potestad discrecional.* El Reglamento de 29 de diciembre de 1890 concretó que quedaban integradas en la potestad discrecional *las cuestiones que por la naturaleza de los actos de que nazcan o de la materia sobre la que versen, pertenezcan al orden político o de gobierno.*

Durante el franquismo la Ley de Jefatura del Estado de 1944 excluyó del control jurisdiccional, por ser pertenecientes al orden político o de gobierno, *las resoluciones que la Administración dictare en aplicación y ejecución de las leyes y disposiciones referentes a depuración, responsabilidades políticas,*

---

107. El príncipe Napoleón-Joseph Bonaparte fue nombrado en el grado de general por su primo el emperador Napoleón III; sin embargo, tras la caída del II Imperio el gobierno republicano le retiró el rango de general. La justificación ofrecida por el Ministerio de la Guerra fue la ligazón del nombramiento con las específicas condiciones de un determinado régimen político desparecido, lo cual conducía a la caducidad. El afectado acudió al Consejo de Estado, quien desestimó su pretensión en base al art.6 del senadoconsulto de 7 de noviembre de 1852 que preveía que las gratificaciones otorgadas por el Emperador a los miembros de la familia eran revocables.

108. MARCHECO ACUÑA, B, «El control jurisdiccional de los actos políticos del Gobierno en el derecho español». *Revista Internacional de Estudios de Derecho Procesal y Arbitraje* nº2, 2015. p.7.

desbloqueo, prensa y propaganda y abastecimientos. Del tenor del precepto cabría entender que la norma constreñía la noción de acto político a la enumeración transcrita; nada más lejos de la realidad, la jurisprudencia lo interpretó como una mera adición legal que de ningún modo podía juzgarse como limitativa, sino de ampliación de lo ya vigente (STS de 21 de mayo de 1952).

La Ley de la Jurisdicción Contencioso-Administrativa de 1956 formuló en su Exposición de Motivos una distinción tajante entre actos políticos y actos administrativos, trazó la diferencia en la naturaleza del acto en cuestión, propuso una lista ejemplificativa de actos gubernativos en el art.2.b de la ley y los excluyó del control judicial[109].

La Constitución de 1978 —en particular los arts.9 (interdicción de arbitrariedad y sujeción a la ley de los poderes públicos) y 24 (derecho fundamental a la tutela judicial efectiva)— cosechó un notabilísimo impacto en la acepción de «acto político». Partiendo de la negación de espacios de desprotección al ciudadano, inmunes al enjuiciamiento, algunos autores entendieron que la Carta Magna entrañaba una derogación tácita del art.2.b LJCA de 1956[110]. Estas posturas nacían del temor a una actuación gubernativa excesiva y atentatoria contra derechos individuales; del miedo a la impunidad del poder, en definitiva.

Pese a lo anterior, la mayor parte de la doctrina defendió la existencia de estos actos, expresivos de la actuación guberna-

---

109. «*No corresponderán a la Jurisdicción Contencioso-Administrativa*:

(...) *las cuestiones que se susciten con los actos políticos del Gobierno, como son los que afecten a la defensa del territorio nacional, relaciones internacionales, seguridad interior del Estado y mando y organización militar, sin perjuicio de las indemnizaciones que fueran procedentes, cuya determinación sí corresponde a la Jurisdicción contencioso-administrativa.*»

110. «*...la doctrina del acto político es hoy inútil: en su acepción histórica está hoy superada y aún contradicha por la Constitución; en cuanto explicación de la injusticiabilidad de ciertos actos que no proceden de la Administración como persona, la doctrina resulta innecesaria.*» GARCÍA DE ENTERRIA Y FERNÁNDEZ, T. R. *Curso de derecho administrativo.* 4ª ed. Civitas, Madrid 1983, V.I, p.536.

mental, vehículos de la acción política. En esta línea, Ortega Álvarez advirtió del riesgo que encerraba la confusión plena del Gobierno con la Administración. Señaló, de esta forma, que de producirse dicha confusión la labor del Gobierno quedaría limitada a la mera ejecución de la ley permaneciendo, por consiguiente, sometida a un control exhaustivo y total del Poder Judicial; esa supervisión absoluta terminaría por fulminar al Ejecutivo como poder, residenciando el poder político únicamente en el Parlamento[111]. Embid Irujo, por su parte, consideró que el sometimiento de los poderes públicos al Derecho consagrado en el art.9.1 CE no necesariamente implicaba un control jurisdiccional de los mismos; concluyó, de esta manera, que los actos políticos solamente podían ser supervisados en sus aspectos externos —tales como la competencia y el procedimiento— y de vulnerar derechos fundamentales[112]. Finalmente, Santamaría Pastor apostó, asimismo, por la existencia autónoma de esta categoría de actos no estando exentos, no obstante, de todo control. Dicho autor entendió que su examen correspondía a la jurisdicción constitucional que no contencioso-administrativa[113].

Lo cierto es que nuestro Tribunal Constitucional reconoció la existencia de este tipo de actos en sentencias tales como la nº 45/1990 de 15 de marzo o la nº 196/1990, manteniendo que:

1º. Dicha actuación no se encontraba sujeta a derecho administrativo y que, por consiguiente, se situaba extramuros de la jurisdicción contenciosa.

---

111. ORTEGA ÁLVAREZ, L. Prólogo, en Garrdido Cuenca, N. *El acto de Gobierno*, Cedecs Editorial, Barcelona 1998, p. 34 y ss.

112. EMBID IRUJO, A. *La justiciabilidad de los actos de gobierno (de los actos políticos a la responsabilidad de los poderes públicos)* en: VV.AA. Estudios Sobre la Constitución Española. Homenaje el Profesor Eduardo García de Enterría, Civitas, Madrid, 1991, vol. III, p. 2734 y ss.

113. SANTAMARÍA PASTOR, J. A. Gobierno y Administración. Una reflexión preliminar, *Documentación Administrativa*, No. 188, 1980 p. 77.

2º. La intervención del máximo intérprete constitucional con respecto a este tipo de actos consistía en analizar su eventual quebranto de derechos fundamentales, por la vía del recurso de amparo.

El razonamiento expuesto encerraba, sin embargo, una palmaria contradicción: ¿cómo acceder al cauce constitucional de amparo —en el que el agotamiento de la vía judicial previa era requisito inexcusable— si la jurisdicción contencioso-administrativa era, per se, incompetente? Esta incoherencia fue solventada en STC 220/1991 en la que se admitió de la posibilidad de recurrir en amparo directo frente a los actos del Gobierno que lesionaran derechos fundamentales en aquellos supuestos en que las normas procesales no preveían —en su día— recurso procesal alguno[114].

Por su parte, el Tribunal Supremo durante la década de los noventa desarrolló la doctrina de los conceptos «jurídicamente asequibles»[115]. Con arreglo a ella incluso los actos expresivos del más alto grado de discrecionalidad y oportunidad podían ser judicialmente fiscalizados a través de aquellos de sus elementos que estuvieran definidos legislativamente y tuvieran carácter reglado[116].

b) *Situación actual; el control de los actos políticos*

Tal como estableció el Tribunal Constitucional en su sentencia nº 124/2018 de 14 de noviembre de 2018 (Rec. 3102/2016), la teoría del control se presenta como una parte inseparable de

---

114. Esta circunstancia, como se abordará con posterioridad, no se produce en la actualidad desde el punto y hora en que, a diferencia de lo que ocurría en la pretérita Ley de la Jurisdicción contenciosa de 1956, la actual LJCA de 1998 sí traza un cauce procedimental concreto a través del cual es posible acceder a la vía jurisdiccional contenciosa frente a actos políticos que vulneren derechos fundamentales.

115. SSTS de 28 de junio de 1994 y de 4 de abril de 1997.

116. MARCHECO ACUÑA, B, ob cit. p. 25.

la teoría de la Constitución. La Carta Magna recoge un sistema de relaciones entre órganos constitucionales dotados de competencias propias (SSTC 45/1986, FJ 4 y 234/2000, FJ 4), un sistema de distribución de poderes que evita su concentración y hace posible la aplicación de las técnicas de relación y control entre quienes lo ejercen legítimamente (ATC 60/1981, de 17 de junio, FJ 4).

El Ejecutivo se encuentra, pues, inmerso en este régimen de pesos y contrapesos, de «checks and balances» del que se hace eco la propia Ley del Gobierno 50/1997 en su artículo 29 al enunciar los controles a los que su actuación queda sometida: un control parlamentario, uno constitucional y uno judicial[117].

▶ *Control parlamentario*

Nuestra Constitución trasluce, desde sus primeros pasajes, el papel esencial y la centralidad conferida a nuestro Parlamento; no en vano, «*la forma política del Estado español es la Monarquía parlamentaria*» (art.1.3 CE), siendo que «*la soberanía nacional reside en el pueblo español*» (art.1.2 CE) que está, precisamente, representado por las Cortes Generales (art.66.1 CE). Así pues, compete a las Cortes Generales el control de la acción del Gobierno ex arts.66.2 y 108 de nuestro texto fundamental[118].

---

117. Art.29 Ley 50/1997:

1. El Gobierno está sujeto a la Constitución y al resto del ordenamiento jurídico en toda su actuación.

2. Todos los actos y omisiones del Gobierno están sometidos al control político de las Cortes Generales

3. Los actos, la inactividad y las actuaciones materiales que constituyan una vía de hecho del Gobierno y de los órganos y autoridades regulados en la presente Ley son impugnables ante la jurisdicción contencioso-administrativa, de conformidad con lo dispuesto en su Ley reguladora.

4. La actuación del Gobierno es impugnable ante el Tribunal Constitucional en los términos de la Ley Orgánica reguladora del mismo.

118. En este sentido: STC 191/2016, de 15 de noviembre FJ 6.

En este sentido, nuestro Tribunal Constitucional ha declarado que *en un sistema basado en la centralidad parlamentaria, las Cámaras tienen, por definición, una posición preeminente sobre el poder ejecutivo, del que suelen requerir actuaciones e iniciativas en el ámbito de sus competencias, mediante el ejercicio de las facultades parlamentarias de iniciativa y de control* (STC 48/2003, de 12 de marzo, FJ 17). La lógica parlamentaria, por consiguiente, se sumerge en un contexto de distribución o equilibrio de poderes, se sitúa, en una posición privilegiada del sistema de frenos y contrapesos que una democracia representa (STC 176/1995 de 11 de diciembre, FJ 2).

Los mecanismos de control parlamentario pueden ser clasificados en tres categorías: los de información, los de fiscalización y, en última instancia, los de ruptura de la relación de confianza.

El art.109 CE faculta a las Cámaras y a sus Comisiones para recabar, a través de los Presidentes de aquéllas, la información y ayuda que precisen del Gobierno y de sus Departamentos y de cualesquiera autoridades del Estado y de las Comunidades Autónomas. La información solicitada *bien puede agotar sus efectos en su obtención o ser instrumental y servir posteriormente para que el Diputado que la recaba, o su Grupo parlamentario, lleven a cabo un juicio o valoración sobre esa concreta actividad y la política del Gobierno, utilizando otros instrumentos de control»* (SSTC 203/2001, FJ 3 y 32/2017, de 27 de febrero, FJ 5).

Los arts. 110.1 CE y 44.2 Reglamento del Congreso de los Diputados de 10 de febrero de 1982 articulan las comparecencias de los miembros del Gobierno a requerimiento de las Cámaras o de sus Comisiones, pudiéndose —naturalmente— solicitar información acerca de sus respectivos Departamentos. Asimismo, el apartado 2º del art.110 de la Carta Magna y los apartados 3º y 4º del art.44 RCD habilitan la presencia y comparecencia de autoridades, funcionarios públicos u otros sujetos competentes por razón de la materia objeto de debate (STC 177/2002, de 14 de octubre, FJ 7).

El art. 111 CE regula las interpelaciones que, junto con las preguntas, se erigen como tradicionales instrumentos de control e información parlamentaria (SSTC 200/2014, de 15 de diciembre, FJ 9 y 201/2014, de 15 de diciembre, FJ 5).

De otra parte, —y aunque no contempladas en la Constitución, sino en los Reglamentos parlamentarios— las proposiciones no de ley, conforme reiterada doctrina del Tribunal Constitucional, *se configuran como un instrumento para poner en marcha la función de impulso político y control del Gobierno, pero, también, como una vía adecuada para forzar el debate político y obligar a que los distintos Grupos de la Cámara y ésta misma tengan que tomar expresa posición sobre un asunto o tema determinado*[119].

Como último estadio hallamos la moción de censura y la cuestión de confianza, disciplinados en los arts. 112 y ss. CE y que pueden desembocar en una crisis de Gobierno como consecuencia de la pérdida de confianza del Congreso de los Diputados en el Presidente en su día investido.

▶ *Control del Tribunal Constitucional*

La supervisión del Tribunal Constitucional sobre el Ejecutivo se traduce en:

— El control de constitucionalidad de disposiciones normativas con fuerza de ley dictadas en el ejercicio de la función legislativa encomendada al Gobierno —decretos leyes y decretos legislativos— (art.161.1.a y arts. 2.1.a y 27.dos.b LOTC 2/1979 de 3 de octubre).

---

119.   SSTC 40/2003, FJ 7; 78/2006, de 13 de marzo, FJ 3, 44/2010, de 26 de julio, FJ 5; 29/2011, de 14 de marzo, FJ 4; 158/2014, de 6 de octubre, FJ 4; 200/2014, de 15 de diciembre, FJ 5; 202/2014, de 15 de diciembre, FJ 5; 213/2014, de 18 de diciembre, FJ 4; 1/2015, de 19 de enero, FJ 7; 23/2015, de 16 de febrero, FJ 7; 212/2016, de 15 de diciembre, FJ 3 c) y 11/2017, de 30 de enero, FJ 3 c).

— El control de constitucionalidad ex ante de futuros tratados (art.95 CE y art.2.1.e LOTC) e, incluso, ex post de los ya ratificados (art.27.dos.c LOTC).

— La resolución de conflictos positivos y negativos de competencia entre Ejecutivo Central y Gobiernos Autonómicos (art.161.1.c CE y arts. 2.1.c y 59.1.a LOTC) así como en la resolución de conflictos de competencia que se insten frente a actos del Gobierno por el Congreso, el Senado y el Consejo General del Poder Judicial (arts. 2.d, 59.1.c y 73 LOTC).

— Y, finalmente, en la resolución del recurso de amparo por violación de derechos y libertades públicas frente a actos u omisiones del Gobierno o sus autoridades (arts. 53.2 y 161.1.b CE y arts. 2.b y 41 y ss. LOTC).

Dicho lo cual, la supervisión, en concreto, de los llamados actos políticos o gubernativos se sitúa en este último epígrafe, en el recurso de amparo constitucional. El art.43 LOTC faculta, una vez agotada la vía judicial ordinaria (en consonancia con el actual art.2.a LJCA 29/1998), para interponer este recurso ante el Tribunal Constitucional con el objeto de combatir los actos jurídicos, las omisiones o la simple vía de hecho del Gobierno o de sus autoridades o funcionarios o de los órganos ejecutivos colegiados de las comunidades autónomas o de sus autoridades o funcionarios o agentes que vulneren los derechos y libertades reconocidos en los arts. 14 a 29 de nuestro texto constitucional.

▶ *Control de la jurisdicción contencioso-administrativa*

La Exposición de Motivos de la actual Ley de la Jurisdicción Contencioso-Administrativa 29/1998 de 13 de julio afirma en su punto II que el ordenamiento jurídico actual no admite la exclusión del control judicial con respecto a la categoría denominada actos políticos:

... la Ley parte del principio de sometimiento pleno de los poderes públicos al ordenamiento jurídico, verdadera cláusula regia del Estado de Derecho. Semejante principio es incompatible con el reconocimiento de cualquier categoría genérica de actos de autoridad —llámense actos políticos, de Gobierno, o de dirección política excluida «per se» del control jurisdiccional. Sería ciertamente un contrasentido que una Ley que pretende adecuar el régimen legal de la Jurisdicción Contencioso-administrativa a la letra y al espíritu de la Constitución, llevase a cabo la introducción de toda una esfera de actuación gubernamental inmune al derecho. En realidad, el propio concepto de «acto político» se halla hoy en franca retirada en el Derecho público europeo. Los intentos encaminados a mantenerlo, ya sea delimitando genéricamente un ámbito en la actuación del poder ejecutivo regido sólo por el Derecho Constitucional, y exento del control de la Jurisdicción Contencioso-administrativa, ya sea estableciendo una lista de supuestos excluidos del control judicial, resultan inadmisibles en un Estado de Derecho.

Ocurre, sin embargo, que el propósito que subraya esta Exposición de Motivos se desdibuja una vez nos adentramos en la parte dispositiva de la ley. En efecto, si bien el articulado de la citada norma legal no incluye los actos gubernativos como materia excluida del control contencioso-administrativo (art.3) y, de hecho, ni tan siquiera reconoce de forma expresa la categoría de acto político; lo cierto es que el art.2.a LJCA constriñe los extremos de los actos del Gobierno o de los Consejos de Gobierno de las Comunidades Autónomas sobre los que pueden conocer los tribunales de lo contencioso a:

i) Aquellos que vulneren derechos fundamentales[120].

---

120. Obsérvese que este precepto convierte en exigible el agotamiento de la vía judicial previa para acceder al recurso de amparo, innecesario para estos casos durante la vigencia de la Ley de 1956 y la doctrina del TC consagrada en la sentencia 220/1991.

ii) Los elementos reglados.

iii) La determinación de las indemnizaciones que fueran procedentes.

Con respecto al control judicial de los actos políticos que
vulneren derechos fundamentales encontramos, por ejemplo,
la sentencia del Tribunal Supremo (Contencioso) de 27 de octubre de 2008 (rec. 366/2007) en la que se abordó la impugnación planteada por la Asociación Profesional de la Magistratura
contra un acuerdo del Consejo de Ministros por el que se aprobó la propuesta que elevaron conjuntamente los Ministros de
Asuntos Exteriores y Cooperación y de Justicia de la terna de
candidatos a presentar por el Reino de España a la Asamblea
Parlamentaria del Consejo de Europa, para la elección de Juez
del Tribunal Europeo de Derechos Humanos. Entre otras cuestiones, la asociación recurrente mantenía que el acuerdo infrin-
gía el derecho fundamental de igualdad de oportunidades en
el acceso a funciones y cargos públicos consagrado en el artículo 23.2 de la Constitución, al haberse propuesto la terna de
forma unilateral por el Ejecutivo sin solicitar, con publicidad, la
presentación de candidaturas por aquellos que considerasen
poseer méritos suficientes.

Frente a las causas de inadmisibilidad del recurso contencioso objetadas por la parte recurrida, el Alto tribunal manifestó que se trataba de un acto del Gobierno frente al que se
suscitaba la infracción de un derecho fundamental y que, por
consiguiente y en atención al artículo 2.a LJCA, el recurso sí
era admisible. Una vez desechadas las causas de inadmisibilidad alegadas, el Tribunal Supremo, sin embargo, desestimó el
recurso formulado en cuanto al fondo, por considerar inexis-
tente la vulneración esgrimida.

El Tribunal Supremo, en su sentencia de 13 de octubre de
2000 (rec. 503/1999), rechazó igualmente la causa de inadmisibilidad opuesta con respecto a la impugnación de un acuerdo
del Consejo de Ministros por el que, de conformidad con la Ley

4/1985, de 21 de marzo, de Extradición Pasiva, decidió la entrega de una persona reclamada a las autoridades italianas.

También en este otro caso el actor manifestó la vulneración de derechos fundamentales, en particular, del derecho a la tutela judicial efectiva reconocido en el artículo 24.1 de la Constitución. Por ello, el tribunal negó la concurrencia de la causa de inadmisibilidad planteada, sin perjuicio de que, en cuanto el fondo, desestimó que tal quebranto al derecho fundamental se hubiera efectivamente producido.

En relación con la supervisión jurisdiccional de los elementos reglados del acto político, cabe decir que conlleva el análisis de los extremos o contornos fijados por el ordenamiento que delimitan el modo y la forma en la que el Ejecutivo debe tomar una decisión sin condicionar su sentido sustantivo. Hablamos, pues, de circunstancias tales como: la competencia, el íter procedimental a seguir, la concreción del fin perseguido o cierto requisito marcado en la norma.

Así, por ejemplo, en lo tocante a la competencia, la sentencia del Tribunal Supremo (Contencioso) de 26 de junio de 2019 (rec. 5075/2017), con respecto a un acuerdo del Pleno del Ayuntamiento de Caldes de Montbui por el cual se declaró que *el municipio es territorio catalán libre y soberano* y que *la voluntad mayoritaria de sus ciudadanos es que esta soberanía sea ejercida por un nuevo estado libre y soberano*, estableció:

1º) Que a la luz del artículo 25.2 de la Ley 7/1985, de 2 de abril, reguladora de las bases de régimen local, era ostensible la falta de competencia municipal para dictar el acuerdo impugnado *porque no existe entre las competencias municipales, ninguna atribución que consienta a un municipio terciar en aspectos de evidente trascendencia constitucional, que afecten a la titularidad de la soberanía, a la petición de una fragmentación del Estado, ni a trastocar, o pedir que se trastoque, la organización territorial básica del Estado mismo.*

2°) Que era procedente anular un acuerdo del Pleno de un Ayuntamiento que consistiera en una declaración de naturaleza política, siempre que la misma se encontrara *al margen de las cuestiones de interés municipal y de las competencias que corresponden a la entidad local, de acuerdo con la Constitución y el marco normativo que le sea aplicable.*

En cuanto al íter procedimental como elemento reglado, podemos citar la sentencia del Tribunal Supremo (Contencioso) de 26 de abril de 2018 (rec. 612/2017) en la que recordó que, si bien el ejercicio del derecho de gracia corresponde material o sustantivamente al Ejecutivo, se trata de un acto controlable en vía jurisdiccional exclusivamente en lo que a los aspectos formales de su tramitación se refiere. De este modo, los órganos judiciales están facultados para comprobar si se han solicitado los informes preceptivos pero no vinculantes previstos en los artículos 23 a 27 de la Ley del indulto de 18 de junio de 1.870.

Con respecto a cierto requisito previsto en una norma como elemento reglado, cabe mencionar la sentencia del Tribunal Supremo de 28 de junio de 1994 en la que se abordó el nombramiento del Fiscal General del Estado pero, únicamente, en lo atinente al cumplimiento del requisito prefijado en el art.29.1 del Estatuto Orgánico del Ministerio Fiscal, aprobado por Ley 50/1981, de 30 de diciembre. En virtud de tal precepto el nombramiento debe recaer en un jurista español de reconocido prestigio con más de quince años de ejercicio efectivo de su profesión. La sentencia de nuestro alto tribunal dijo así: *Es este último requisito objetivo, impuesto por el legislador y descrito utilizando un lenguaje netamente jurídico-administrativo, lo que permite que la jurisdicción pueda obrar en consecuencia, sin tocar en absoluto la libertad del Gobierno para optar políticamente entre la multiplicidad de juristas en los que concurre aquella circunstancia o incluso la de promover la pertinente reforma legislativa.*

La supervisión judicial se limita, en definitiva, a los ámbitos antedichos cuando de actos políticos se trate y, por lo tanto, el término «acto político» se encuentra implícitamente reconocido en el cuerpo mismo de la ley. De hecho, así se admitió, abiertamente, por la ponente Rubiales Torrejón (del Grupo Socialista) en la Comisión de Justicia e Interior del Congreso de los Diputados en la que se debatió el texto legal. De esta forma, señaló que la previsión del art.2.a LJCA venía referida a *actos de naturaleza política*, añadiendo que *tienen que ver con las relaciones del Gobierno con el Derecho Constitucional o con el Derecho Internacional*, indicando que *se parte del reconocimiento del acto político, es evidente que el acto político existe, puesto que hay actos administrativos y actos que no lo son, que son actos de naturaleza política* y afirmando que si se tratara de actos simplemente administrativos el concreto epígrafe de la ley ni tan siquiera tendría razón de ser *porque cuando se trate de actos administrativos, van todos; no solamente el conocimiento de estas tres cosas, sino el conjunto del acto.*[121]

Sucede —y hete aquí uno de los principales problemas— que la ley no ofrece ningún criterio que permita distinguir cuándo el Ejecutivo actúa como órgano constitucional (siendo sus actos políticos y estando restringida la evaluación judicial de los mismos a los aspectos señalados) y cuándo como órgano administrativo (siendo sus actos simplemente administrativos y, en consecuencia, plenamente fiscalizables).

Algún autor como Francesc Carreras considera que el quid en la distinción entre una y otra categoría de actos radica en el margen de discrecionalidad del que gozará el Gobierno al operar sobre una determinada materia. En otras palabras, a mayor densidad normativa, más elementos reglados tendrá el acto y mayor proximidad con el universo administrativo; a menor intensidad de los parámetros señalados, mayor cercanía guardará

121. FERNÁNDEZ-ESPINAR, L. C. «El control judicial de la discrecionalidad administrativa, la necesaria revisión de la construcción dogmática del mito de la discrecionalidad y su control». *Revista Jurídica de Castilla y León*, nº 26 Enero 2012, pp. 232 y 233.

la actuación con la política. Se trataría, en suma, de una cuestión de gradación de la discrecionalidad[122].

Ollero Tassara, ponente del Partido Popular en la Comisión de Justicia e Interior antes mencionada, estableció, en este sentido, un símil entre el binomio de actividad administrativa-actuación política y el de principios-políticas identificados por Ronald Dworkin como elementos interpretativos de una norma. De esta forma, los principios serían elementos jurídicos con una raíz ética, esto es, elementos jurídicos fuertes y, en el marco de esta comparativa, equivaldrían a elementos reglados controlables. Las políticas, en cambio, darían paso a razones de oportunidad y de eficacia y se asociarían a la discrecionalidad gubernativa, exenta de supervisión jurisdiccional. La dificultad pasaría, a su juicio, por determinar a quién corresponde marcar la frontera entre principios y políticas; dicho de otro modo, la cuestión radicaría en decidir si debe ser el Ejecutivo quien por sí y ante sí dilucide cuando actúa o no administrativamente o si dicha determinación debe reservarse al Poder Judicial[123]. A mi modo de ver, del tenor del art.106.1 CE y del propio art.2 LJCA, parece claro que el dilema queda residenciado en sede judicial[124].

Si descendemos al terreno de lo real, lo cierto y verdad es que este deslinde se efectúa en la práctica de modo casuístico, atendiendo a las circunstancias del supuesto concreto. De esta manera, se ha conectado la actuación política con la selección de prioridades (STC 45/1990), con las relaciones institucionales (STC 196/1990), con las relaciones entre poderes del Estado (STS 29 de enero de 1982), con las relaciones internacionales

---

122. CARRERAS I SERRA, F. «*Funciones constitucionales y actos del Gobierno*», en Parejo Alfonso, L. (dir) Estudios Sobre el Gobierno. Seminario sobre el proyecto de Ley Reguladora del Gobierno, Universidad Carlos III-BOE, Madrid 1996, p. 257.

123. FERNÁNDEZ-ESPINAR, L. C. ob. cit. p.233.

124. Art.106.1 CE: *Los Tribunales controlan la potestad reglamentaria y la legalidad de la actuación administrativa, así como el sometimiento de ésta a los fines que la justifican.*

(STS 31de mayo de 2005) o con el indulto (SSTS de 12 de mayo de 2011 o de 9 de mayo de 2013).

Se ha considerado también un acto político la decisión del Gobierno de devaluar la peseta (STS de 29 de enero de 1982), la decisión de adscribir al INI una empresa expropiada (STS de 31 de octubre de 1983), el Real Decreto de disolución de las Cortes Generales (STS de 24 de septiembre de 1984) —justificado en el art. 115 de la CE—, el decreto de fijación de la sede provisional de Castilla y León (STS de 30 de julio de 1987), la petición de medios materiales y personales a la Administración de Justicia del País Vasco (STS de 2 de octubre de 1987), la petición de revisión de determinado coeficiente a funcionarios (STS 13 de marzo de 1990, STS de 24 de julio de 1991), la desestimación por silencio de la remisión de un proyecto de Ley a las Cámaras sobre normativa funcionarial (STS de 25 de octubre de 1990) o la denegación del Gobierno a celebrar referéndum sobre incorporación de un municipio a determinada Comunidad Autónoma (STS de 22 de enero de 1993).

Es corolario de lo anterior que la problemática de los actos políticos plantea los siguientes puntos clave:

I. Con carácter previo, será necesario dilucidar si la actuación en cuestión tiene naturaleza política o meramente administrativa.

II. De ostentar naturaleza política, si la controversia gira en torno a la vulneración de derechos fundamentales siempre será susceptible de control contencioso-administrativo, primero, y constitucional en amparo, después.

III.De no afectar a derechos fundamentales, dentro del acto político deberán delimitarse dos ámbitos diferenciados, sometidos a un control dispar:

i. Elementos reglados, cuyo cumplimiento puede ser visado por el poder judicial.

ii. El resto del acto político, la decisión intrínseca, que únicamente puede ser fiscalizada por el Parlamento, siendo intangible para los órganos judiciales. En el supuesto de que se formulara un recurso ante la jurisdicción contenciosa pretendiendo, exclusivamente, el enjuiciamiento de esta decisión materialmente política, el mismo debería ser inadmitido por haberlo dirigido contra una actuación u omisión no sujeta a derecho administrativo (arts.1.1 y 51 LJCA).

ii. Los actos administrativos discrecionales

Como veíamos, las actuaciones materialmente administrativas son susceptibles de supervisión judicial en toda su extensión, pues así se desprende de los arts. 106.1 CE y art.1.1 LJCA. Este es, sin duda, un extremo diferencial capital con respecto a los actos políticos.

Con todo, es preciso advertir que existe una categoría de actos administrativos peculiar cuyo control jurisdiccional presenta ciertas limitaciones: los dictados en ejercicio de potestades administrativas discrecionales.

Con arreglo a la Exposición de Motivos de la pretérita Ley de la Jurisdicción Contenciosa de 1956, hay discrecionalidad *cuando el ordenamiento jurídico atribuye a algún órgano una competencia para apreciar en un supuesto dado lo que sea de interés público.*

La jurisprudencia ha definido la discrecionalidad administrativa como la libertad de decisión que la Ley atribuye a la Administración —atendida la naturaleza de las funciones a cumplir— para alcanzar los fines propuestos por el ordenamiento jurídico. Es esa libertad de elección entre indiferentes jurídicos, entre soluciones igualmente justas, lo que se identifica con la discrecionalidad administrativa (STS Sala Tercera, de lo Contencioso-administrativo, Sección 3ª nº 1624/2017 de 26 Oct. 2017, Rec. 2851/2015).

102 / Alicia Villaseca Ballescá

En similares términos se ha expresado la doctrina, habiendo afirmado autores como García de Enterría y Fernández Rodríguez que *la Ley puede determinar agotadoramente todas y cada una de las condiciones de ejercicio de la potestad, de modo que construya un supuesto legal completo y una potestad aplicable al mismo también definida en todos sus términos y consecuencias...; o bien, por el contrario, definiendo la Ley, porque no puede dejar de hacerlo, en virtud de las exigencias de explicitud y especificidad de la potestad que atribuye la Administración, algunas de las condiciones de ejercicio de dicha potestad, remite a la estimación subjetiva de la Administración el resto de dichas condiciones*[125].

A diferencia de los actos políticos que, como veíamos, únicamente admiten la supervisión jurisdiccional de sus elementos reglados, resultando judicialmente intangibles en el resto de su contenido, la fiscalización de los actos administrativos discrecionales alcanza una mayor extensión. Así, son técnicas de control de la discrecionalidad ya consolidadas jurisprudencialmente (STSJ de Cataluña Sala de lo Contencioso-administrativo, Sección 4ª, Sentencia 745/2009 de 29 Sep. 2009, Rec. 532/2006): el análisis de los elementos reglados del acto discrecional, el examen de los hechos determinantes, el control de los principios generales del derecho y, especialmente, la supervisión del fin y evitación de una posible desviación de poder[126]. Nos detendremos a continuación brevemente en estas técnicas no sin antes advertir que el control del ejercicio de la potestad discrecional no admite bajo ningún concepto el mero análisis de soluciones alternativas; no permite ahondar en otros cauces igualmente posibles que los particulares, terceros o el propio

---

125. GARCÍA DE ENTERRÍA. E Y FERNÁNDEZ, T. R. *Curso de Derecho Administrativo. T. I*, 8ª ed. Ovitas, Madrid 1998, p.444.

126. La Recomendación del Comité de Ministros del Consejo de Europa a sus Estados miembros sobre el ejercicio de los poderes discrecionales de la Administración, de 11 de marzo de 1980, establece la necesidad de que aquél se encuentre sometido al control de legalidad de la jurisdicción u otro órgano independiente. https://rm.coe.int/16804f4177

tribunal puedan considerar más convenientes. En suma, el examen de discrecionalidad no habilita al poder judicial a bucear en la materia en clave de conveniencia o de oportunidad y, en coherencia con ello, el art.71.2 LJCA establece que los órganos jurisdiccionales no podrán determinar el contenido discrecional de los actos anulados.

a) El control de los elementos reglados del acto discrecional

Como indica la STSJ de Cataluña Sala de lo Contencioso-administrativo Sección 4ª Sentencia 97/2008 de 6 Feb. 2008, Rec. 600/2004, el ejercicio de toda potestad discrecional es un «compositum» de elementos legalmente determinados y de otros configurados por la apreciación subjetiva de la Administración ejecutora.

García de Enterría identifica como elementos reglados necesarios: la existencia misma de la potestad, de cuyo ejercicio dimana el acto; su extensión concreta, que es imposible que sea totalmente indeterminada; y la competencia para ejercitarla[127].

En lo atinente a las potestades, baste decir que la sujeción de la Administración al principio de legalidad se articula en torno a la atribución de estas, las cuales se traducen en la asignación de un poder de actuación limitado y controlable. De este modo, *no hay acto sin potestad previa, ni potestad que no haya sido positivamente atribuida por el ordenamiento.* En lo tocante a la competencia, téngase en cuenta que la misma es irrenunciable (art.8 Ley 40/2015) y, de otra parte, que los actos dictados careciendo de ella por razón de la materia o del territorio conducen derechamente a un vicio de nulidad radical ex. art.47.1.b Ley 39/2015.

---

127. García De Enterría, E. *La lucha contra las inmunidades del poder en el derecho administrativo (poderes discrecionales, poderes de gobierno, poderes normativos)*, p.167 y 168.
https://dialnet.unirioja.es › descarga › articulo

Por lo demás, junto con los elementos reglados imprescindibles antes señalados son de ver otros meramente posibles tales como las formas determinantes para el ejercicio de la potestad y el fondo parcialmente reglado.

b) El control de los hechos determinantes

El hecho determinante no es sino el supuesto fáctico cuya concurrencia se engarza al ejercicio de la potestad de que se trate. De este modo, la sentencia del TSJ de Andalucía con sede en Granada, Sala de lo Contencioso-administrativo, Sección 3ª n°1774/2018 de 11 Oct. 2018 (Rec. 1114/2014) afirmaba:

La potestad discrecional opera sobre una determinada realidad de hecho. Por ello, si para ejercer una determinada potestad discrecional la Administración parte de la concurrencia de unos determinados hechos, esos hechos deben existir, pues la determinación de los mismos no es objeto de una potestad discrecional que corresponda a la Administración; ésta no puede inventar la realidad, ni desfigurarla.

Como sostiene García de Enterría, *la realidad como tal, si se ha producido el hecho y cómo se ha producido (...) no puede ser objeto de una facultad discrecional, porque no puede quedar al arbitrio de la Administración discernir si un hecho se ha cumplido o no se ha cumplido, o determinar que algo ha ocurrido si realmente no ha sido así (...) El milagro, podemos decir, no tiene cabida en el campo del Derecho Administrativo*[128].

Podría decirse, por lo tanto, que la supervisión de los hechos determinantes no encierra *stricto sensu* un control de discrecionalidad desde el momento en que la existencia del presupuesto fáctico escapa, precisamente, a toda discrecionalidad: los hechos son como son, sin que puedan ser inventados ni desfigurados (STS de 11 de febrero de 1991 o sentencia del Tribunal Superior de Justicia de Castilla y León de Valladolid, Sala de lo Contencioso-administrativo n° 1376/2002 de 30

---

128. García De Enterría, E. ob. cit., p.170.

Sep. 2002). El examen de los hechos determinantes, pues, se sitúa en un paso previo y permite discernir si concurren las circunstancias que desencadenan el ejercicio de la potestad discrecional.

Conviene matizar, en este punto, que la descripción de hechos determinantes puede albergar conceptos jurídicos indeterminados; a saber: actuar *por causa de utilidad pública e interés social*, en *situaciones de grave riesgo*, etc. Extremo que requerirá, como dijimos al examinar los «conceptos jurídicos indeterminados» con ocasión del interés público que debe perseguir la Administración, una búsqueda del núcleo o zona de certeza del meritado concepto.

c) El control de los principios generales del Derecho

Los principios generales del Derecho son una condensación de los grandes valores jurídicos materiales que constituyen el *substractum* mismo del ordenamiento y de la experiencia de la vida jurídica[129]. Los principios, como apuntaba la sentencia TSJ de Castilla y León de Valladolid Sala de lo Contencioso-administrativo nº 1376/2002 de 30 Sep. 2002, son la atmósfera en la que se desarrolla la vida jurídica, el oxígeno que respiran las normas.

Dicho lo cual, estando la Administración sometida al conjunto del ordenamiento, lo está también a los aludidos principios, que informan la globalidad del ordenamiento jurídico y que se manifiestan en muy diversos sentidos: el de igualdad consagrado en el art.14 CE, el de proporcionalidad, el de buena fe (art.7 CC), el de confianza legítima, entre tantos otros.

En este contexto interesa, muy especialmente, poner en valor el principio por el cual los poderes públicos tienen vedada toda actuación arbitraria (art.9.3 CE) toda vez que uno de los indiscutibles cauces para evitarla pasa por la necesaria motivación de los actos y, particularmente, por la inexcusable justifi-

---

129. GARCÍA DE ENTERRÍA, E, ob. cit., p.176.

cación de los actos dictados en ejercicio de potestades discrecionales (art. 35.1.i Ley 39/2015[130]).

d) El control del fin y la eventual desviación de poder

La desviación de poder, al igual que otros conceptos jurídico-administrativos, halla su origen en la jurisprudencia del Consejo de Estado francés de finales del siglo XIX y fue concebida como una especie dentro de una categoría más amplia, una especie del género *excès de pouvoir*.

Dado que los actos discrecionales eran el fruto del ejercicio de un poder de apreciación definido pero no regulado en la ley, la constricción del citado ejercicio o de esa potestad implicaba, necesariamente, el examen del fin o de la meta perseguida. Así es como nació la figura del *détournement de pouvoir* que ponía el foco en la exigible conformidad entre el acto y el fin o espíritu de la ley. De esta manera, cuando el poder concedido por la ley fuera ejercido para un fin distinto al contemplado en ella se estaría ante una variante de exceso de poder llamada desviación de poder[131].

La doctrina francesa coincide al identificar el arrêt Vernes de 19 de mayo de 1858 como el punto de partida de esta institución jurídica, fallo en el que, si bien no se empleó expresamente el término «desviación de poder», sí se describió sustancialmente su contenido[132].

---

130. Art.35.1.i Ley 39/2015:
Serán motivados, con sucinta referencia de hechos y fundamentos de derecho:
i) Los actos que se dicten en el ejercicio de potestades discrecionales, así como los que deban serlo en virtud de disposición legal o reglamentaria expresa.
131. CHINCHILLA MARÍN, C. *Desviación de poder*. Thomson, Civitas (2004), p.33 y 34.
132. El Consejo de Estado anuló la decisión del Alcalde de Trouville, que prohibía a los bañistas vestirse y desnudarse en lugares distintos a los establecimientos municipales. La razón de tal anulación fue que la prohibición del Alcalde no pretendía salvaguardar la seguridad y moralidad pública (tal como exigía la ley de 19 de mayo de 1848) sino, bien al contrario, solamente se proponía en-

En España será la Constitución Republicana de 1931 la que acogerá el término en el sentido antes expuesto, dando el pistoletazo de salida al indicar en su artículo 101: *la ley establecerá recursos contra la ilegalidad de los actos o disposiciones emanadas de la Administración en el ejercicio de su potestad reglamentaria, y contra los actos discrecionales de la misma, constitutivos de exceso o desviación de poder.*

La Ley de la Jurisdicción Contencioso-Administrativa de 1956 abordó la cuestión en su art.83.3, describiendo la desviación de poder como *el ejercicio de potestades administrativas para fines distintos de los fijados por el ordenamiento jurídico.* Esta definición, valga decirlo, ha llegado hasta nuestros días y, así, la actual LJCA de 1998 en el párrafo 2° de su art.70.2 recoge, palabra por palabra, la misma explicación. Asimismo, el párrafo 1° de este mismo precepto 70.2 señala que *la sentencia estimará el recurso contencioso-administrativo cuando la disposición, la actuación o el acto incurrieran en cualquier infracción del ordenamiento jurídico, incluso la desviación de poder.* Y, en esta misma línea, el art. 48.1 Ley del Procedimiento Administrativo Común de las Administraciones Públicas 39/2015 establece que *son anulables los actos de la Administración que incurran en cualquier infracción del ordenamiento jurídico, incluso la desviación de poder.* Adviértase, por lo demás, que todas las previsiones normativas vigentes descansan sobre un indiscutible antecedente lógico: el art.106.1 de la Carta Magna con arreglo al cual corresponde al poder judicial controlar la legalidad de la actuación administrativa y el sometimiento de ésta a los fines que la justifican.

La jurisprudencia ha insistido en que el vicio del que hablamos requiere la existencia real de una divergencia entre la finalidad del precepto o preceptos que constituyan la cobertura formal de la resolución administrativa y la realidad intrínseca

---

grosar las arcas públicas cobrando a los bañistas las tasas por el uso de los establecimientos públicos destinados al cambio de ropa. El fin de la actuación del Alcalde se había desviado, en consecuencia, del poder de policía que le otorgaba la ley.

de la finalidad perseguida efectivamente por la Administración, divergencia que ha de quedar demostrada y no meramente alegada por quien en ella se apoya para impugnar el acto.

La carga de la prueba, pues, incumbe a quien efectúa esa alegación, no siendo suficientes a tales efectos las meras conjeturas o interpretaciones subjetivas del acto administrativo o de las ocultas e hipotéticas intenciones que supuestamente lo determinan. Dicho de otro modo, no cabe apreciar desviación de poder por razón de simples opiniones subjetivas ni de meras suspicacias interpretativas.

No obstante, dada la dificultad que encierra la prueba directa, cabe acreditar la voluntad torcida de la Administración por la vía de indicios. En este marco la técnica aludida supondría que a partir de unos hechos completamente demostrados (hechos base, art.385 Ley Enjuiciamiento Civil 1/2000), acompañados de un proceso mental lógico y razonado (enlace preciso y directo según las reglas del criterio humano, art.386 LEC) se llegara a la diáfana conclusión de que ha existido una disfunción manifiesta entre el fin objetivo que emana de su naturaleza y de su integración en el ordenamiento jurídico y el fin subjetivo instrumental propuesto por el órgano decisorio.

Como ejemplo reciente de apreciación de desviación de poder podemos citar la sentencia del Tribunal Supremo (Contencioso) de 21 de noviembre de 2023 (rec. 934/2022), referida a la cobertura de la plaza de Fiscal de Sala de la Fiscalía Togada del Tribunal Supremo por Real Decreto 807/2022. El Real Decreto combatido designó para el puesto, a propuesta del Fiscal General del Estado, a la persona que, con anterioridad, había ejercido el cargo de Fiscal General del Estado.

El tribunal advirtió la existencia de desviación de poder con base en las siguientes circunstancias:

— En el curso del procedimiento judicial quedó probado que en el seno del Consejo Fiscal el Fiscal General del Estado manifestó que *quien ha sido Fiscal General del Estado no debería retornar a la Carrera Fiscal en una categoría inferior a la más alta, es decir, la de Fiscal de Sala; y que, si bien el Estatuto Orgánico del Ministerio Fiscal no prevé una promoción automática en ese sentido, él como Fiscal General del Estado estaba dispuesto a remediar esa situación, que consideró como una laguna en la ley. Además, dijo que se trataba de una prioridad en su gestión.*

— La sucesión de los hechos, según la sentencia, fue la siguiente: *iniciativa de convocatoria de la plaza por la propia persona finalmente nombrada cuando aún era Fiscal General del Estado, dimisión poco después de dicho cargo por razones de salud, convocatoria de la plaza y presentación de solicitud por la finalmente designada, propuesta a favor de ella por quien fue su estrecho colaborador y en ese momento ya su sucesor; y todo ello, de manera rápida y prácticamente sin solución de continuidad.*

Por lo expuesto, el Tribunal Supremo concluyó que la finalidad realmente buscada fue la de asegurar la promoción a la máxima categoría de la Carrera Fiscal a quien había sido Fiscal General del Estado. El tribunal subrayó que ello no era el fin que el ordenamiento jurídico atribuía a la potestad de convocar y resolver vacantes en el empleo público, incluidas las plazas del Ministerio Fiscal. La sentencia añadió que tampoco era el objeto de dicha potestad remediar regulaciones legales que, según la opinión del Fiscal General del Estado, presentaban carencias o debían tener otro contenido, señalando que *cualquiera que sea la opinión que a cada uno le merezca, lo cierto es que esa promoción automática no ha sido querida por el legislador, ni está prevista en la ley.*

Finalmente, el tribunal hizo una última aclaración: la finalidad impropia era imputable al Fiscal General del Estado, que en ejercicio de sus competencias, remitió al Consejo de Ministros la propuesta para la resolución de la convocatoria examinada. En algún momento del procedimiento se arguyó que esa sería solo su intención subjetiva y que, por ello, no sería trasladable al Consejo de Ministros, al que en definitiva competía resolver; es decir, que el vicio de la propuesta no afectaría al

Real Decreto 807/2022 recurrido. La sentencia indicó que ese modo de razonar no podía acogerse: el Consejo de Ministros solo podía aprobar o rechazar la propuesta del Fiscal General del Estado, hasta el punto de que dicha propuesta era considerada la motivación del acto. Así las cosas, si la propuesta estaba viciada debía entenderse que el acto también lo estaba.

Capítulo Tercero

ESPACIO PÚBLICO Y SIMBOLOGÍA

I. ESPACIO PÚBLICO

La Ley 33/2003, de 3 de noviembre, del Patrimonio de las Administraciones Públicas y su Reglamento aprobado por Real Decreto 1373/2009, de 28 de agosto, distinguen, dentro de los bienes de titularidad de la Administración, entre bienes de dominio público o demaniales —afectados al uso general o al servicio público, así como aquellos a los que una ley otorgue expresamente este carácter— y los de dominio privado o patrimoniales —los restantes—.

Así, por ejemplo, los inmuebles de titularidad de la Administración General del Estado o de los organismos públicos vinculados a ella o dependientes de la misma en que se alojen servicios, oficinas o dependencias de sus órganos o de los órganos constitucionales del Estado se considerarán, en todo caso, bienes de dominio público (artículo 5.3 Ley 33/2003). Son demaniales, también, los caminos, plazas, calles, paseos, parques, aguas de fuentes y estanques, puentes y demás obras publicas de aprovechamiento o utilización generales cuya conservación y policía sean de la competencia de la Entidad local (artículos 2.2 y 3.1 del Real Decreto 1372/1986, de 13 de junio, por el que se aprueba el Reglamento de Bienes de las Entidades Locales).

En todo caso, la gestión y administración de los bienes demaniales por la Administración Pública deberá ajustarse al principio de aplicación efectiva al uso general o al servicio público, sin más excepciones que las derivadas de razones de interés público debidamente justificadas (art.6.c Ley 33/2003); y, la gestión y administración de los bienes patrimoniales deberá, por su parte, acomodarse al principio de objetividad en su adquisición, explotación y enajenación (art.8.1.c Ley 33/2003).

La neutralidad de la Administración en el espacio público puede apreciarse en la forma en que ésta se presenta frente a la sociedad a cuyo servicio debe encontrarse. Tal representación destila una importante carga simbólica en la medida en que el ámbito institucional es un espacio de auto-reconocimiento de la comunidad, de reencuentro de todas y cada una de las personas que la integran. El modo en que el poder se representa frente a los ciudadanos puede evidenciar un trato disímil entre los mismos, una inclinación partidista, o, por el contrario, un trato libre de jerarquías y distinciones.

Es importante tener en cuenta que, como ya se ha dicho, las instituciones carecen del derecho a la libertad de expresión por lo que no pueden hacer uso del espacio público para emitir cualesquiera mensajes. En palabras del Tribunal Constitucional, las instituciones encuentran su actuación vinculada a los fines que les asigna el ordenamiento jurídico, entre los que no se encuentra el de atribuir calificativos a sus administrados (ATC 19/1993, de 21 de enero, FJ 2, y la referencia que en el mismo se hace a la STC 185/1989, FJ 4).

La exteriorización de la igualdad de los convecinos frente al poder se remonta, incluso, hasta el urbanismo griego del s. VIII a.C. Con el advenimiento de la ciudad-Estado, el diseño de la *polis* intencionadamente situó el ágora —lugar en el que se depositó el *kratos* y en el que circuló la palabra entre iguales— en el centro. El poder se ubicó a la misma distancia de todos los miembros de la comunidad, visibilizando la semejanza entre todos ellos frente a él y su carácter no apropiable[133]. La corporeización del poder puso de manifiesto, por lo tanto, la *isonomía* (igualdad ante la ley) y la *isegoría* (igualdad de palabra)[134] [135].

II. LOS SÍMBOLOS

i. Significado y elementos constitutivos

El Diccionario de la Real Academia de la Lengua Española define el término «símbolo» como aquel elemento u objeto material que, por convención o asociación, se considera representativo de una entidad, de una idea, de una cierta condición, etc. En la misma línea, Jaume Vernet i Llobet lo identifica con una representación abstracta de cosas o conceptos; letras, números o contraseñas convencionales que expresan de manera unitaria objetos, elementos, magnitudes o nociones[136].

El símbolo condensa una idea, representa con extraordinaria brevedad y es recibido como un fogonazo por el observador. El símbolo no es un mero conector entre el sujeto y la idea, su potencialidad desborda esa nuda ligazón de la que se ocupa el «signo». «Símbolo» y «signo» no son, en definitiva, sinónimos. Ambos pueden disfrutar de una cierta plasticidad y am-

---

133. Vernant, J. P., *Atravesar fronteras. Entre mito y política II.* Fondo de Cultura Económica de Argentina (2008), p. 135.

134. Straehle, E. ob. cit., capítulo «La cuestión de la democracia», p.9.

135. El encuadre sobre la pertenencia del espacio público institucional es sustancialmente distinta en la tradición jurídica norteamericana. De la sentencia de la Corte Suprema *Walker v. Texas Division, Sons of Confederate Veterans*, 576 U.S. 5, 13-15 (2015) se infiere que en las propiedades de dominio estatal que ni por tradición ni de forma premeditada han sido designadas como lugares para la discusión ciudadana (*non public forum*), el gobierno es libre para elegir el mensaje que quiere expresar. Vázquez Alonso, V. ob. cit. p. 29 y 30.

136. Vernet i Llobet, J., Símbolos y fiestas nacionales en España, en UNED. *Teoría y Realidad Constitucional* núm. 12-13, semestre 2003-1er semestre 2004, p.99.

114 / *Alicia Villaseca Ballescá*

bos evocan una idea en el espectador pero aquél produce un impacto emocional en el que mira, agitando sus sentimientos y proyectándolos hacia el futuro. El símbolo encierra un valor psicológico, provocador y constructivo, del que carece el signo. Analicemos, entonces, los elementos que participan de esta dinámica simbólica. Partiendo de la explicación ofrecida por Manuel García Pelayo puede afirmarse que los componentes del símbolo son los que siguen[137]:

1°. **El elemento material o sensible, susceptible de ser representado de manera perceptible y que da presencia a una realidad inmaterial.**
Son diversos los medios de los que nace la simbolización; se trata, en suma, de una categoría plural que alcanza lo visual (una bandera, un escudo o una cruz), lo auditivo (un himno), lo táctil (una efigie o un rosario) o lo festivo (una conmemoración institucional o religiosa)[138].

2°. **Significación o conjunto de significaciones.**
La razón de ser del símbolo no es otra que su función significativa: «*el símbolo no tiene existencia sino en cuanto significa algo*»[139]. Asimismo, como advierte Antonio Troncoso Reigada, los símbolos son multivalentes por cuanto son capaces de expresar distintas significaciones simultáneamente[140]. El símbolo, en consecuencia, «*hace una llamada a la interpretación, porque dice más de lo que dice y de lo que jamás termina de decir*»[141].

---

137. GARCÍA PELAYO, M. *Mitos y símbolos políticos*, Taurus Ediciones S.A. (1964) p.137 a 140.
138. VERNET I LLOBET, J., ob. cit., p.100.
139. GARCÍA PELAYO, M., ob. cit. p.138.
140. TRONCOSO REIGADA, A., La bandera y la capitalidad, *UNED Revista de Derecho Político* n° 103, septiembre-diciembre 2018, p.33.
141. RICOEUR, P., *Structure et hermenéutique», en Le conflit des interprétations. Essais d'hermenéutique*, París, Seuil, 1969, p. 32.

3°. **Referencia simbólica constituida por la relación entre el objeto y la significación**.

Autores como Kant entienden que es la intuición la que traduce el objeto al observador, siendo que *«lo simbólico es una especie de lo intuitivo»*[142]. En esta misma línea, Sperber deslinda el campo de lo simbólico partiendo de la idea de que es lo mental menos lo racional[143]. En palabras de García Pelayo, *el símbolo hace asequible lo abstracto a través de lo concreto*[144].

4°. **El sujeto con la adecuada disposición simbólica para responder a su llamada**.

El símbolo sacude la emoción y posiciona al sujeto hacia la acción, desencadena el movimiento. Algo conciso, sucinto, que no requiere de una lógica discursiva, constituye una herramienta eficiente para encauzar a una masa en una dirección.

ii. Funciones

a) **Representativa e integradora**

El símbolo responde a dos funciones esenciales que se encuentran íntimamente entrelazadas y que lo sitúan en una posición privilegiada en el espacio político-constitucional: la representativa y la integradora.

A través del símbolo la comunidad traza las señas de identidad que la definen y que permiten reconocerla frente a terceros. La vertiente representativa del símbolo está, por consiguiente, orientada hacia el exterior.

---

142. Kant, I, *Kant's Werke*, Akademie Textausgabe, Berlin, Band V, 1908, p.351-352.
143. Sperber, D., *El símbolo en general*, Barcelona, Editorial Anthropos, 1998.
144. García Pelayo, M., ob. cit. p. 139.

Este medio identificativo no solamente representa lo que la colectividad es en este momento si no, y sobre todo, lo que pretende llegar a ser; el símbolo da abrigo a un contenido aspiracional. Como acertadamente indica Alegre Martínez *«cada Estado o Comunidad se define a sí mismo frente a los demás, tanto en el tiempo como en el espacio, conformando los símbolos de la comunidad imaginada»*[145]. De esta manera, una bandera o un himno concentran, por medio de una expresión plástica, los valores, las tradiciones, la historia real o soñada de una colectividad y su horizonte, impregnando todo ello de un profundo significado afectivo. Los símbolos hacen tangible un pasado compartido que se transmite a nuevas generaciones haciendo ostensible la voluntad de ser y perdurar. En este sentido, según García Pelayo, el símbolo es un medio de expresión de la conciencia mítica que refleja un modo de estar en el mundo y de captar sus objetos, una forma de ser que rehúye el razonamiento lógico o discursivo y se adhiere a *las restantes potencias del alma*[146].

Dicho lo cual, el carácter representativo del símbolo no se limita a la mera identificación y delimitación de lo propio sino que tiene por misión primordial provocar una respuesta socioemocional que desemboque en un proceso integrador. De esta forma, como sugiere Alegre Martínez, *la función representativa del símbolo está al servicio de su capacidad de integración*[147].

El valor integrador del símbolo responde, pues, a una dimensión interna que busca transmitir a la persona los valores y el acervo histórico de una comunidad desde una perspectiva sentimental. Para parte de la doctrina el elemento central de la existencia de un Estado reside en la «integración», esto es, en el sentimiento de pertenencia emotiva a una colectividad.

En este contexto parece claro que buceamos en una lógica congregacional que podría llegar a interpretarse como una in-

145. ALEGRE MARTÍNEZ, M. A., *Los símbolos políticos: su entidad cultural, representativa e integradora*, p.6. https://buleria.unileon.es/handle/10612/1124.
146. GARCÍA PELAYO, M., ob. cit. p. 162 y 163.
147. ALEGRE MARTÍNEZ, M. A., ob. cit., p.7.

vitación a diluir la identidad personal en un bloque monolítico. La pulsión simbólica también puede revelar, así, una tensión individuo-masa subyacente en el proceso socializador. De la función representativa e integradora que venimos de exponer se hizo eco nuestro Tribunal Constitucional en la sentencia 94/1985, de 29 de julio en la que afirmaba:

No puede desconocerse que la materia sensible del símbolo político —en este caso, las seculares cadenas del escudo de armas navarro— trasciende a sí misma para adquirir una relevante función significativa. Enriquecido con el transcurso del tiempo, el símbolo político acumula toda la carga histórica de una comunidad, todo un conjunto de significaciones que ejercen una función integradora y promueven una respuesta socioemocional, contribuyendo a la formación y mantenimiento de la conciencia comunitaria, y, en cuanto expresión externa de la peculiaridad de esa Comunidad, adquiere una cierta autonomía respecto de las significaciones simbolizadas, con las que es identificada; de aquí la protección dispensada a los símbolos políticos por los ordenamientos jurídicos. Al símbolo político corresponde, pues, al lado de una función significativa integradora, una esencial función representativa e identificadora, que debe ejercer con la mayor pureza y virtualidad posibles.

b) Diferenciadora y contractiva

La capacidad del símbolo para sellar un «nosotros» y fortalecer «nuestra» comunidad es, como inevitable reverso de lo anterior, una herramienta idónea para esbozar un «ellos» a desterrar del espacio colectivo. El elemento simbólico puede ser también, en definitiva, una hiriente y muy potente arma de exclusión. Puede apreciarse así una distinción entre símbolos «propios» y «ajenos» y, dentro de estos últimos, los indiferentes y los antagónicos[148].

El lenguaje simbólico es un terreno fértil para la contraposición del imaginario construido como «propio» y del calificado como «antagónico»; los símbolos se prestan fácilmente a visibilizar la retórica amigo-enemigo.

Desde la dimensión que ahora examinamos, el símbolo conserva su aptitud identificativa en tanto que ostenta la capacidad de evocar una realidad abstracta —generalmente, otras personas imaginadas—. Asimismo, retiene la capacidad significativa por cuanto atribuye al símbolo antagónico una exégesis peyorativa. Al fin, desde esta óptica, el símbolo mantiene un vigor integrador pero, a diferencia de la integración expansiva antes analizada, ahora trasluce una presión contractiva. El núcleo del «nosotros», de lo «propio», se compacta y cava un surco divisorio en torno a él, dibuja el perímetro de sus confines.

Así, la fuerza de desintegración o de escisión latente en el símbolo empieza, pues, en la delimitación de qué es interior y qué exterior, en la fijación de quiénes somos nosotros y quiénes son ellos, terceros extraños.

iii.   La utilidad del símbolo en la lucha por el poder.

Sentado cuanto precede, ¿qué hace del símbolo un instrumento especialmente aventajado en los procesos integradores?, ¿por qué es tan útil y efectivo en la empresa consistente en cohesionar una comunidad o a un núcleo de población dentro de ella?

Pues bien, para responder a estas preguntas debemos detenernos en los dos cauces que pueden seguirse en todo proceso integrador[149]:

---

148.   GARCÍA PELAYO, M., ob. cit. p. 144.
149.   GARCÍA PELAYO, M., ob. cit. p.137.

a) El racional, *consistente en métodos racionalmente calcula-*
   dos o racionalmente utilizados para producir integración,
   como son la representación jurídico-pública, la organiza-
   ción del Derecho legal, etc.

b) El irracional, constituido por *formas, métodos e instrumen-*
   tos predominantemente derivados de fuentes irracionales,
   tales como las emociones, los sentimientos, resentimientos
   e impulsos capaces de provocar, de fortalecer o de actuali-
   zar el proceso integrador, o, eventualmente, de tener los
   mismos efectos en sentido desintegrador, si se trata de una
   unidad en curso de escisión. A esta vía irracional de inte-
   gración pertenecen, entre otros, los símbolos, los mitos y el
   caudillaje, los cuales, sin embargo, aun derivando de
   fuentes irracionales, pueden ser racionalmente utilizados
   y manipulados.

Adviértase, en este punto, que una regla jurídica es una expresión normada racional, heterónoma y rígida que requiere
para su aprehensión de un razonamiento reflexivo[150]. Por el
contrario, el carácter polisémico del símbolo lo aparta de la
angulosa fórmula legal, lo convierte en un producto maleable
que invita al sujeto desde la emoción. El símbolo se abre al
significado que su receptor le brinda, no le exige sino que le
convierte en cómplice y, finalmente, lo envuelve en una comunidad cuyos postulados no tienen por qué ser necesariamente
diáfanos. El símbolo encierra, asimismo, un ahorro en costes,
en espacio por su concisión, en tiempo por su brevedad, en
esforzadas explicaciones por su inmediatez.

Este mecanismo opera como un resorte en el observador, lo
moviliza desde el instinto, se presenta como una proposición
de comunión con sus convecinos y le recuerda que no puede

---

150. ALEGRE MARTÍNEZ, M.A., Los símbolos en la teoría política de Manuel
García Pelayo: un modo de expresión de la conciencia mítica, en *UNED Revista*
de Derecho Político nº 75-76, mayo diciembre 2009, p.50.

sobrevivir en soledad. El símbolo se manifiesta bajo una falsa apariencia de horizontalidad: «en tanto en cuanto no impone una taxativa exégesis todos participamos en su construcción» y, gracias a ello, sortea la resistencia que naturalmente despierta la verticalidad de la norma.

El mensaje racional requiere de mucha más energía porque precipita la reflexión del receptor, debiendo vencer la fricción que supone su crítica intelectual.

III. SÍMBOLOS OFICIALES

La oficialización de símbolos consiste en determinar jurídicamente cuáles de ellos representan a las instituciones públicas, disciplinando el modo en que deben presentarse y los honores de los que son tributarios.

Nuestro ordenamiento jurídico regula los símbolos del Estado en los términos que siguen. Nuestra Carta Magna confiere protección directa a la bandera española en el art.4.1 y a la Corona en los art.56 y siguientes; presta atención, asimismo, a las banderas y enseñas autonómicas en su art.4.2, quedando pendientes del correspondiente desarrollo estatutario. La ubicación de los preceptos mencionados, al comienzo de nuestra Norma Fundamental (Título Preliminar en el que se integra el art.4) y en el frontispicio de la parte orgánica (Título Segundo), pone en evidencia la trascendencia jurídica que el constituyente confirió a tales símbolos. En el mismo sentido, el hecho de que su revisión o reforma únicamente pueda llevarse a cabo por medio del procedimiento especialmente gravoso o reforzado del art.168 CE revela la importancia de la que hablamos[151].

Autores como Troncoso Reigada consideran que la Constitución, de forma deliberada, no se extiende en cuestiones sim-

---

151. BELDA, E. Elementos simbólicos de la Constitución Española. La protección del uso de los símbolos por las personas y las instituciones. *Revista Española de Derecho Constitucional* nº117, p.50 y 51.

bólicas —no abordando, así, el himno, el escudo o el día nacional— con el propósito de dejar atrás una dictadura caracterizada por la exaltación de los símbolos nacionales[152]. El derecho comparado, sin embargo, nos ofrece algunos pasajes constitucionales relativos a los símbolos que gozan de una ligera mayor amplitud; obsérvese, en este sentido, el art.2 de la Constitución francesa de 1958 que regula la bandera, el himno y el lema de la República o el art.11 de la Constitución portuguesa de 1976 referido a su bandera e himno.

Los principales símbolos del Estado español son, a juicio de nuestro Tribunal Constitucional, la bandera de España y su escudo, pero también son símbolos de aquél las banderas y enseñas autonómicas aludidas en la *Norma Normarum* y en los respectivos Estatutos de Autonomía toda vez que la palabra del Estado no comprende sólo las instituciones centrales del mismo (SSTC 32/1981 de 28 de julio y 38/1982 de 22 de junio)[153].

Un peldaño por debajo, en rango legal, es de ver: el desarrollo del régimen jurídico de la bandera española (Ley 39/1981 de 28 de octubre por la que se regula el uso de la bandera de España y el de otras banderas y enseñas), la regulación del escudo del país (Ley 33/1981 de 5 de octubre, complementada por RD 2964/1981 de 18 de diciembre) y la fijación del 12 de octubre como el día de fiesta nacional (Ley 18/1987 de 7 de octubre). Por último, a nivel reglamentario, aparte del Real Decreto relativo al escudo antes mencionado, encontramos el RD 1560/1997 de 10 de octubre que identifica la «Marcha Granadera» como himno nacional y el art.85.2 del RD 2568/1986 28 de noviembre por el que se aprueba el Reglamento de Organización, Funcionamiento y Régimen Jurídico de las Entidades Locales, en virtud del cual debe colocarse la efigie del Rey en un lugar preferente del salón de sesiones de la sede de la Corporación local.

---

152. TRONCOSO REIGADA, A. ob. cit., p. 35.
153. VERNET I LLOBET, J., ob. cit., p.105.

122 / Alicia Villaseca Ballescá

Por su parte, el art.46.5 de la Ley Orgánica del Régimen Electoral General 5/1985 de 19 de junio establece que *no pueden presentarse candidaturas con símbolos que reproduzcan la bandera o el escudo de España, o con denominaciones o símbolos que hagan referencia a la Corona.* Con idéntica voluntad de proteger la neutralidad de los símbolos colectivos, el art.8 de la Ley 39/1981 advierte que está prohibida la utilización en la bandera de España de cualesquiera símbolos o siglas de partidos políticos, sindicatos, asociaciones o entidades privadas.

i. Banderas

El diccionario de la Real Academia de la Lengua Española describe el concepto «bandera» como una *tela de forma comúnmente rectangular, que se asegura por uno de sus lados a un asta o a una driza y se emplea como enseña o señal de una nación, una ciudad o una institución.*

Tal como exponíamos en el punto anterior, y tal como apuntó el Tribunal Supremo Norteamericano en su sentencia de 14 de junio de 1943 (caso West Virginia State Board of Education v. Barnette), toda bandera constituye una forma primitiva pero eficaz de comunicar ideas puesto que habilita un reconocimiento compartido inmediato [154]. Dicho de otro modo, una bandera es una especie dentro de una categoría más amplia: la de los símbolos.

Pese al potencial simbólico de toda bandera lo cierto es que, en nuestro país, únicamente las dos últimas constituciones se han detenido en esta cuestión. La pretérita constitución republicana de 1931, en su art.1.4, indicaba que *la bandera de la República Española es roja, amarilla y morada*[155]. En la vigen-

---

154. La sentencia, disponible en http://caselaw.lp.findlaw.com/scripts/getcase. pl?navby=case&court=us&vol=319&page=624, lo califica de *atajo de mente a mente.*

155. *El origen de la franja morada en la bandera republicana es bastante controvertido y equívoco, es posible que los republicanos de principio de siglo XX*

te Constitución de 1978, como antes avanzábamos, se aborda la regulación de la bandera en el Título Preliminar (art.4), inmediatamente después de: i) definir nuestro Estado como social y democrático de Derecho, ii) de atribuir la soberanía nacional al pueblo español, iii) de afirmar que la forma política del Estado español es la Monarquía parlamentaria y iv) de proclamar que la Carta Magna se fundamenta en la indisoluble unidad de la Nación española (arts. 1 y 2). Troncoso Reigada, sobre la base de una interpretación sistemática, mantiene que la bandera es el símbolo de lo previamente enunciado por la Constitución, circunstancia que confirma, en parte, el art.1 de la Ley 39/1981[156][157].

Las características de la bandera actual quedan definidas en el apartado 1º del art.4 CE, presentando una disposición de colores que se remonta al reinado de Carlos III[158]; el pasaje constitucional citado dice así: *la bandera de España está formada por tres franjas horizontales, roja, amarilla y roja, siendo la amarilla de doble anchura que cada una de las rojas.* Este diseño es reiterado en el art.2.2 de la Ley 39/1981 —el cual se limita a añadir que en la franja amarilla se podrá incor-

---

creyesen que Castilla no estaba representada en la enseña nacional por faltar el color morado ya que el color amarillo y rojo carmesí estaban atribuidos a Aragón. De esta forma se apartaban también simbólicamente de la bandera de la I República y ponían de manifiesto que para estos republicanos, tal vez distintos de los de ahora, Castilla era fundamental para vertebrar la nueva República y regenerar España; TRONCOSO REIGADA. A, ob. cit., p. 38.

156. TRONCOSO REIGADA. A ob. cit., p. 35.

157. Art.1 Ley 39/1985: *La bandera de España simboliza la nación; es signo de la soberanía, independencia, unidad e integridad de la patria y representa los valores superiores expresados en la Constitución.*

158. Por RD de 28 de mayo de 1785 Carlos III convocó un concurso de diseño de banderas navales para sustituir la bandera blanca que llevaba el escudo de armas reales. Finalmente fue el propio Rey el que compuso la bandera con una franja central amarilla el doble de ancha que las rojas de los extremos. Por RD de 8 de marzo de 1793 Carlos IV amplió su uso a las plazas marítimas, castillos y defensas de las costas. Finalmente, un RD de 13 de octubre de 1843, aún durante el periodo de regencia, extendió esta bandera a todas las enseñas de los ejércitos; TRONCOSO REIGADA. A ob. cit., p. 35.

porar, en los términos que reglamentariamente se determinen, el escudo de España— así como en el RD 441/1981 de 27 de febrero por el que se especifican técnicamente los colores de la Bandera de España.

La descripción constitucional antedicha se separa de la precedente recogida en el art.5 de la Ley 1/1967 de 10 de enero Orgánica del Estado por medio de un detalle lingüístico, casi de estilo, que, de forma sutil, trasluce los nuevos aires constituyentes. Se sustituye el término «gualda» por «amarillo», fruto de una enmienda del senador Cela quien apuntó que, siendo aquella palabra castellana, no dejaba de tener un origen bárbaro con un uso no demasiado extendido[159]. El meritado adjetivo provenía de una canción militar en la que se sustituyó el vocablo «amarillo» por «gualda» por razones métricas; así, el abandono de esa expresión de ascendencia militar lo fue también, en cierta medida, de ese regusto castrense.

Conviene destacar, de otra parte, el artículo 4.2 de la Constitución que habilita la creación y regulación de banderas autonómicas por los estatutos de autonomía y ordena su uso junto con la bandera de España en los edificios y actos públicos. La constitucionalización de las enseñas autonómicas supone una absoluta novedad tanto en el constitucionalismo español como en el comparado, tal como ha tenido ocasión de puntualizar nuestro máximo intérprete constitucional[160]: *Este «reconocimiento constitucional», que no tiene precedente en el constitucionalismo español ni en el Derecho comparado europeo, es una forma de expresión a través de los símbolos de la organización del Estado en Comunidades Autónomas.*

El Tribunal Constitucional ha establecido, asimismo, que las banderas de las Comunidades tienen una doble condición toda vez que representan la *expresión de la autonomía que la Constitución ampara y de la pluralidad y complejidad del Estado*

---

159. TRONCOSO REIGADA, A ob. cit., p. 35.
160. STC 94/1985; apunta a esta misma idea SOLOZÁBAL, J. J. *Artículo 4* en Comentarios a la Constitución Española, Fundación Wolters Kluwer, p.89.

que configura[161]. Todas las banderas serían, en consecuencia, un patrimonio compartido en tanto que todas cimientan un proyecto común.

El art.4 CE, como decíamos, atribuye una competencia a las autonomías; se erige en cláusula de reserva estatutaria pese a situarse extramuros de las clásicas cláusulas competenciales específicas de los arts. 148 y 149 CE. Como afirmaba la sentencia del Tribunal Constitucional 94/1985 (FJ 6), aun cuando el marco competencial de referencia queda dibujado por los artículos del Título VIII que venimos de citar, nada impide que algunas de dichas competencias tengan su base en otros preceptos constitucionales[162].

Pero, ¿a qué faculta exactamente el art.4.2 CE?; pues bien, la disposición examinada plantea una doble faz, una positiva y otra negativa. La positiva permite que la Comunidad pueda fijar las características de su propia bandera o enseña y la negativa establece un perímetro de exclusividad en torno a la escogida, con la finalidad de salvaguardar su función identificadora.

De esta doble tendencia se hizo eco la STC 94/1985 de 29 de julio al resolver un conflicto constitucional de competencia promovido por la Diputación Foral de Navarra frente al acuerdo del Consejo General del País Vasco de 2 de noviembre de 1978 por el que se aprobó el escudo de armas de dicha comunidad Laurak-Batel integrado, entre otros, por el escudo de armas de Navarra. La sentencia mencionada dijo así (FJ 8°): *La función identificadora del símbolo político, a que venimos haciendo referencia, determina que la competencia reconocida a las Comunidades Autónomas en esta materia no se agote en la potestad para fijar las características de sus propios símbolos, sino que abarque también —ya que de otro modo la relación de identidad quedaría rota— la potestad frente a las demás Comunidades para regular de forma exclusiva su utilización, regulación que, de hecho, algunas Comunidades han llevado a*

---

161. STC 119/1992 de 18 de septiembre (FJ 1°).
162. Solozábal, J. J ob. cit., p.89.

cabo al mismo tiempo que configuraban su escudo propio. Ello implica que dichos símbolos no pueden ser utilizados sin el consentimiento de la Comunidad a que corresponden, ni apropiándose de ellos aisladamente, ni integrándolos como tales símbolos identificadores en el emblema de otra Comunidad. El contenido de la competencia así definida supone, por consiguiente, un límite a la competencia de cada Comunidad Autónoma para establecer o configurar su propio emblema.

En esta línea, diversas normas estatutarias especifican su bandera, desarrollando dicha identificación, en ocasiones, en ulteriores leyes ordinarias autonómicas. Puede citarse, a título de ejemplo, el art.8.2 LO 6/2006 de 19 de julio de reforma del Estatuto de Autonomía de Cataluña, el art.4.1 LO 3/1983 de 25 de febrero por el que se aprueba el Estatuto de Autonomía de la Comunidad de Madrid desarrollado por la Ley 2/1983 de 23 de diciembre de bandera, himno y escudo de la Comunidad de Madrid o el art.3.1 LO 7/1981 de 30 de octubre por el que se aprueba el Estatuto Autonomía de Asturias desarrollado por la Ley 4/1990 de 19 de diciembre de la bandera del Principado de Asturias.

Mayor conflictividad suscita la colocación de las banderas y enseñas en edificios públicos; a este respecto el apartado 2º del art.4 CE in fine dispone que las banderas autonómicas se utilizarán junto a la bandera de España en los edificios públicos y en los actos oficiales de la Comunidad Autónoma. Esta sucinta previsión queda detallada en la Ley 39/1981; en particular, en:

- El art.3.uno que establece que *la bandera de España deberá ondear en el exterior y ocupar el lugar preferente en el interior de todos los edificios y establecimientos de la Administración central, institucional, autonómica, provincial o insular y municipal del Estado.*

- El art.4 que reza *en las Comunidades Autónomas, cuyos Estatutos reconozcan una bandera propia, ésta se utilizará juntamente con la bandera de España en todos los edificios públicos civiles del ámbito territorial de aquélla, en los términos de lo dispuesto en el artículo sexto de la presente ley.*

• El art.6 que indica que *cuando se utilice la bandera de España ocupará siempre lugar destacado, visible y de honor* y, a su vez, que *si junto a ella se utilizan otras banderas, la bandera de España ocupará lugar preeminente y de máximo honor y las restantes no podrán tener mayor tamaño. Se entenderá como lugar preeminente y de máximo honor: a) Cuando el número de banderas que ondeen juntas sea impar, la posición central. b) Si el número de banderas que ondeen juntas es par, de las dos posiciones que ocupan el centro, la de la derecha de la presidencia si la hubiere o la izquierda del observador.*

Los deberes que imponen los preceptos transcritos han sido ubicados temporal y espacialmente por la jurisprudencia con precisión; ello supone que:

1°. La bandera Española deba ondear de forma permanente. Así, la sentencia del TS de 14 de abril de 1988 señala que la expresión «deberá ondear» que utiliza el legislador, formulada en imperativo categórico viene a poner de relieve la exigencia legal de que la bandera de España ondee todos los días, en todo momento. En la misma dirección se pronuncia la sentencia del TS de 2 de diciembre de 2008 (Rec. 1601/2006), aseverando que el tiempo verbal empleado en las expresiones gramaticales que aparecen en el art.3 de la ley conduce derechamente a un contenido normativo de naturaleza permanente y no esporádica.

2°. El régimen jurídico que especifican los preceptos mencionados es predicable de todos los edificios públicos y en toda su extensión (fachadas, ventanas, etc.). Al hilo de esta cuestión la sentencia del TSJ de Castilla-León de Burgos Sala de lo contencioso-Administrativo n° 215/2015 de 29 de octubre de 2015 (Rec. 123/2015), referida a la colocación de una bandera no oficial en la ventana del despacho del Ayuntamiento de un concejal del grupo político de Izquierda Unida, afirma que *cuando se trata de un edificio público, cual es el Ayuntamiento, no se puede hacer uso en el mismo, ni en el balcón principal, ni en cualquiera de sus fachadas o ventanas, se trate o no de un mástil o cualquier otro tipo de exhibición pública, de otra bandera que no sea la oficial o la propia bandera del Municipio* y sin perjuicio, claro está, del derecho de cualquier partido o grupo político de poner en su sede o sus propias dependencias la bandera que estime oportuna[163].

Sentado cuanto precede, ¿cuáles son las consecuencias que conlleva el incumplimiento del mandato de enarbolar las pertinentes banderas oficiales o el izado de las que no lo son? Pues bien, la Ley no contiene un régimen sancionador que deba ser aplicado cuando nos encontremos ante una simple transgresión de relevancia administrativa carente de trascendencia penal. Ciertamente, el art.10.dos in fine hacía una sucinta remisión a las sanciones administrativas que pudieran proceder pero, de facto, las eventuales infracciones y sanciones administrativas no se han llegado a concretar e, incluso, este apartado segundo fue declarado inconstitucional —si bien por razones que nada tienen que ver con eventuales infracciones administrativas propiamente dichas—[164].

---

163. Adviértase que la situación expuesta es completamente diferente a la analizada en la STSJ de Madrid Sala de lo Contencioso Sección 9ª nº 1335/2003 de 15 de diciembre de 2003 (Rec. 1927/2002) que estimó el recurso interpuesto por el grupo municipal de Izquierda Unida contra el acuerdo del Ayuntamiento de Torrelodones que les impedía colocar la bandera republicana en un chiringuito del que habían sido adjudicatarios en un recinto ferial. En efecto, en este otro caso no se trataba de un espacio institucional sino de un espacio público cedido a particulares.

164. El apartado 2º del art.10 Ley 39/1981, originariamente indicaba: *Las infracciones de lo previsto en esta ley se considerarán incursas en lo establecido en el artículo ciento veintitrés y concordantes del Código Penal y, en su caso, en el artículo trescientos dieciséis del Código de Justicia Militar,* sin perjuicio de

Consta, pese a todo, una proposición de ley que fue presentada por el Grupo Parlamentario Popular en el Congreso de los Diputados en septiembre de 2018 *relativa a la defensa de la convivencia social, la neutralidad institucional y los símbolos nacionales* en cuyo capítulo II se tipificaban una serie de infracciones que sobre esta materia podían ser cometidas (art.5) y, como correlato de lo anterior, una serie de sanciones que podían ser impuestas tanto a altos cargos (art. 6) como a empleados públicos (art.9)[165]. Dicha propuesta, como es sabido, no prosperó[166].

Así pues, partiendo de los principios de legalidad y tipicidad —consagrados en los arts. 25.1 CE, 25 y 27 de la Ley 40/2015 de Régimen Jurídico del Sector Público— que deben presidir el procedimiento administrativo sancionador y siendo que para la imposición de una sanción resulta inexcusable la existencia de una ley (*lex scripta*), anterior al hecho cuya sanción se pretende (*lex praevia*) y descriptiva del supuesto fáctico estrictamente determinado (*lex certa*)[167], no existe, como decimos, régimen administrativo sancionador alguno para el

---

las sanciones administrativas que pudieran proceder. Sin embargo, dicho apartado fue declarado inconstitucional por la STC 119/1992 de 18 de septiembre por cuanto ampliaba las conductas susceptibles de protección penal careciendo del rango de ley orgánica que resulta imprescindible (FJ 2°): (...) *El precepto cuestionado no viene a precisar o concretar los conceptos contenidos en el art. 123 C.P., pues no se refiere en ningún momento a qué debe entenderse por símbolos o emblemas del Estado (lo que sí supondría una integración del art. 123 C.P. del tipo de la que efectúa el propio art. 1 de la Ley 39/1981), sino que se limita a determinar supuestos de aplicación de la pena prevista en el artículo penal mencionado, y a configurar por tanto, y por sí misma, un tipo penal, que supone o pretende una extensión del contenido del art. 123 C.P., lo que no podía hacer la Ley ordinaria.*

165. Boletín oficial de las Cortes Generales n° 309-1 de 14 de septiembre de 2018, http://www.congreso.es/public_oficiales/L12/CONG/BOCG/B/BOCG-12-B-309-1.PDF.

166. Adviértase que en la Comunidad Autónoma de Illes Balears sí existió un régimen sancionador previsto en los arts.6 y ss. de la Ley 9/2013 de 23 de diciembre; no obstante, resultó derogado por la Ley 8/2015 de 16 de octubre.

167. Por todas, STC 246/1991 de 19 de diciembre.

caso de que las autoridades incumplan sus obligaciones en esta materia[168].

Con lo razonado supra no quiere decirse que el incumplimiento examinado carezca de trascendencia jurídica sino que el quebranto que, en su caso, pudiera tener lugar no se encuentra anudado a una sanción sino a la anulabilidad del acto por el que se hubiera acordado la no exhibición de un símbolo oficial o, en su caso, la exhibición de aquel que no es oficial o, incluso, la anulabilidad de la propia actuación material sin acuerdo administrativo formal que la preceda. De esta manera, las vulneraciones a la Ley de Banderas se encauzan por la vía contencioso-administrativa en los términos que a continuación se expondrán, surgiendo, en su mayor parte, a raíz del incumplimiento por parte de las entidades locales.

Con una altísima frecuencia las demandas son interpuestas por la Abogacía del Estado a instancia de la Delegación del Gobierno cuya legitimación activa descansa sobre los arts. 9 de la Ley 39/1981, 73.1.d.3º Ley 40/2015 de 1 de octubre de Régimen Jurídico del Sector Público y 65.3 Ley 7/1985 de 2 de abril

---

168. Cuestión distinta es que, habiéndose instado ante la jurisdicción contencioso-administrativa que una actuación administrativa de esta índole sea declarada contraria al ordenamiento jurídico, dicha sentencia sea estimatoria y la Administración haga caso omiso al mandato judicial recibido. En tal supuesto ya entraríamos en un contexto penal de desobediencia a una resolución judicial (art.410.1CP).

de Bases del Régimen Local[169] [170]. No obstante, idéntica legitimación es reconocida a las Comunidades Autónomas en el ámbito de su propia competencia; esto es, con respecto a su bandera autonómica (STSJ de Castilla y León de Burgos, Sala de lo Contencioso-Administrativo n°159/2001 de 30 de junio de 2001 Rec. 32/2000).

De esta manera, cuando la Administración del Estado o de la Comunidad Autónoma consideren que por parte de una Corporación Local se ha vulnerado la normativa de banderas en un ámbito que resulta de su competencia, tienen a su disposición dos opciones: a) efectuar un requerimiento al ente municipal a fin de que rectifique en el plazo de un mes (art.65 apartados 1° y 3° LBRL) o b) interponer directa e inmediatamente recurso contencioso-administrativo (art.65 apartado 4° LBRL).

También se encuentran legitimadas activamente las asociaciones cuyo objeto consista en la promoción y defensa de inte-

---

169. Art.9 Ley 39/1981: *Las autoridades corregirán en el acto las infracciones de esta Ley, restableciendo la legalidad que haya sido conculcada.*

Art.73.1.d. 3° Ley 40/2015: *Los Delegados del Gobierno en las Comunidades Autónomas son los titulares de las correspondientes Delegaciones del Gobierno y tienen, en los términos establecidos en este Capítulo, las siguientes competencias: d) Control de legalidad, 3.° Velar por el cumplimiento de las competencias atribuidas constitucionalmente al Estado y por la correcta aplicación de su normativa, promoviendo o interponiendo, según corresponda, conflictos de jurisdicción, conflictos de atribuciones, recursos y demás acciones legalmente procedentes.*

Art. 65.3 Ley 7/1985: *La Administración del Estado o, en su caso, la de la Comunidad Autónoma, podrá impugnar el acto o acuerdo ante la jurisdicción contencioso-administrativa dentro del plazo señalado para la interposición del recurso de tal naturaleza señalado en la Ley Reguladora de dicha Jurisdicción, contado desde el día siguiente a aquel en que venza el requerimiento dirigido a la Entidad local, o al de la recepción de la comunicación de la misma rechazando el requerimiento, si se produce dentro del plazo señalado para ello.*

170. En este sentido se expresan, entre muchas otras, la STSJ País Vasco 658/2005 de 30 de septiembre o la STS 6958/2009 de 4 de noviembre.

reses que puedan verse afectados por la actuación o inactividad administrativa cuestionada (art.19.1.b LJCA)[171].

Por el contrario, la posibilidad de acción es negada a los particulares que obran de forma aislada en sentencias tales como la de la Sala Tercera Sección 4ª de 25 de marzo de 2002 (Rec. 9128/1996) o la STSJ de Cataluña Sala de lo Contencioso-Administrativo Sección 5ª nº 942/2006 de 12 de diciembre de 2006 (Rec. 71/2006), al entender que ostentarían un mero interés de defensa de la legalidad en abstracto o simple interés difuso, huérfano de la conexión adicional habilitante para hacer valer una pretensión procesal en sede jurisdiccional contencioso-administrativa[172].

En cuanto al plazo para formular el recurso contencioso cabe decir que no es de aplicación el de dos meses que, con carácter general, prevé el art.46.1 LJCA, y no lo es por la sencilla razón de que la no colocación de la bandera constituye una situación que se prolonga, que subsiste en el tiempo. Por consiguiente, esta situación entraña una infracción del ordenamiento continuada y, siendo ello así, el plazo impugnatorio permanece abierto mientras aquélla no se remueva[173].

---

171. El art.19.1.b LJCA, *Están legitimados ante el orden jurisdiccional contencioso-administrativo: Las corporaciones, asociaciones, sindicatos y grupos y entidades a que se refiere el artículo 18 que resulten afectados o estén legalmente habilitados para la defensa de los derechos e intereses legítimos colectivos.*

En este sentido, cobra interés la sentencia del TSJ de Cataluña Sala de lo Contencioso-Administrativo Sección 5ª nº 579/2018 de 5 de julio (rec. 767/2016) o la STS Sala 3ª Sección 4ª de 5 de mayo de 2015 (rec. 1604/2013).

172. En cuanto a la legitimación activa *ad causam*, ténganse en cuenta los artículos 19.1.a LJCA (que la reconoce a las personas físicas o jurídicas que ostenten un derecho o interés legítimo) y 10 de la LEC 1/2000, aplicable supletoriamente ex. DF 1ª LJCA (que reconoce la citada legitimación a quienes sean titulares de la relación jurídica u objeto litigioso).

173. A este respecto, la sentencia del TSJ del País Vasco, Sala de lo Contencioso-administrativo, Sección 1ª nº 658/2005 de 30 Sep. 2005 (Rec. 881/2003) mantiene: *«(…) se trata de una pasividad administrativa permanente en el tiempo, la demandada no instala la Bandera Nacional y mantiene en el tiempo esta inactividad, por lo tanto, si el hecho de haber presentado el requerimiento supone la vinculación a los plazos y consecuencias que de él derivan lo cierto es*

De otra parte, la competencia para conocer del asunto reside, en primera instancia, y con carácter general, en los juzgados de lo contencioso-administrativo ex. art.8.1 Ley de la Jurisdicción Contencioso-Administrativa 29/1998 de 13 de julio (en adelante, LJCA), si bien la sentencia que se dicte será susceptible de apelación con arreglo al art. 81.1 LJCA (de haberse interpuesto el recurso por una asociación, siendo la cuantía indeterminada) o al art.81.2.c LJCA (de haberse formulado el recurso por la Administración del Estado o de la Comunidad Autónoma).

El objeto del recurso contencioso-administrativo puede tratarse de:

a) La no colocación de facto de la bandera de España en el exterior de la Casa Consistorial, sin que exista acuerdo administrativo previo al respecto.

Se combate, en estos supuestos, la inactividad administrativa (art.25.2 LJCA) que consiste en que, sin llegar *a formalizarse acuerdos que expresen una voluntad abiertamente renuente a cumplir un deber legal —eximiéndolo y actuando como reglamentador negativo o «contra legem»—, no se llevan a cabo ni materializan directamente las actuaciones que la norma requiere*[174]. En otras palabras, desde el ente local no se sitúa la bandera en el lugar que impone la Ley

---

que se refiere a aquel momento en el que se decidió actuar frente a la inactividad pero nada impide que, por ejemplo, agotado el plazo del requerimiento, caducado este, o que aún no cumplido, puede presentarse directamente la demanda puesto que, como decimos, la inactividad es permanente en el tiempo y el requerimiento facultativo; el impedir la demanda directamente o el aplicar los términos temporales derivados del requerimiento en supuestos como los que hemos utilizado ad exemplum no hace sino imponer un rigorismo excesivo por desproporcionado a la presentación de la demanda, contrario en suma al principio pro actione y que supone en el caso en estudio tener por válidamente presentada la demanda, y principio pro actione que lleva igualmente a interpretar en su recto sentido el motivo del recurso que no es sino la pasividad administrativa de la demandada y no la actuación frente a acto presunto alguno.

174. STSJ nº175/2015 del País Vasco.

39/1981 pero tampoco se adopta un acuerdo que dé cobertura a dicho comportamiento o manifieste la intención de transgredir la ley.

b) La instalación de una bandera que no se corresponde con la oficial de la Comunidad Autónoma o del ente local de que se trate, sin que exista acuerdo administrativo previo al respecto.

Se impugnaría en tal caso una actuación material constitutiva de vía de hecho conforme al art.25.2 LJCA. Recuérdese que, con arreglo al punto V de la Exposición de Motivos de la LJCA y al art. 51.3 del mismo texto legal entendido a sensu contrario, concurre vía de hecho cuando la actuación administrativa se desenvuelve sin la necesaria cobertura jurídica bien por haberse producido fuera del ámbito de competencia del ente público, bien por no haberse ajustado a las reglas del procedimiento establecido, bien por ambos motivos. De esta forma, la sentencia del TSJ de Navarra, Sala de lo Contencioso-administrativo n° 207/2018 de 6 Jun. 2018 (Rec. 157/2018), entre muchas otras, tildaba de vía de hecho la colocación en un Ayuntamiento de una bandera de otra comunidad autónoma durante las fiestas patronales de la localidad diciendo: «(…) *tal y como ha tenido ocasión de señalar la Sentencia del Tribunal Supremo de 29 de octubre de 2010, «cuando la actuación administrativa carece de resolución previa que le sirva de fundamento jurídico» se ha de interpretar y caracterizar la actuación administrativa como actuación material o vía de hecho»*[175].

c) El acuerdo alcanzado por el Pleno del Ayuntamiento por el que se conviene no exhibir la bandera de España en las condiciones prefijadas en la ley o por el que se decide colocar otra bandera no oficial.

---

175. En el mismo sentido: Sentencia 37/2016 de 1 Mar. 2015, Rec. 262/2015 del Juzgado de lo Contencioso-administrativo n° 2 de Pamplona/Iruña.

Nos hallaríamos, entonces, ante un acto administrativo expreso susceptible de ser recurrido en vía contenciosa ex. art.25.1 LJCA.

La utilización de banderas no oficiales puede reconducirse, a su vez, a tres tipos de casos distintos:

* **La utilización de banderas de otras Comunidades Autónomas**; en relación con este extremo se pueden citar, a mero título de ejemplo, la STSJ de Navarra, Sala de lo Contencioso-Administrativo nº234/2018 de 20 de junio de 2018(Rec. 208/2018) por la que estimó el recurso planteado contra la colocación por parte del Ayuntamiento de Villalba-Atarrabia (perteneciente a la Comunidad de Navarra) de la bandera de la Comunidad Autónoma Vasca (ikurriña) en la fachada del Ayuntamiento; o la STSJ de Castilla y León de Burgos, Sala de lo Contencioso-Administrativo nº159/2001 de 30 de junio de 2001 (Rec. 32/2000) por el que se declaró disconforme a Derecho la resolución del Ayuntamiento del Condado de Treviño, por la cual se acordaba colocar banderas oficiales del Territorio Histórico de Álava y de la Comunidad Autónoma del País Vasco.

* **El izado de una bandera representativa del régimen político vigente en otro momento histórico, esto es, el de la II República Española.** En este sentido, la sentencia del TSJ de la Comunidad Valenciana, Sala de lo Contencioso-Administrativo Sección 4ª nº 509/2019 de 13 de noviembre de 2019 (rec. 104/2018) confirmó la dictada por el Juzgado de lo Contencioso nº 10 de Valencia estimatoria del recurso planteado contra la colocación y exhibición de bandera republicana en uno de los balcones del Ayuntamiento de Silla. Siguiendo la misma senda, la sentencia del TSJ de Galicia, Sala de lo Contencioso-Administrativo Sección 1ª nº 147/2019 de 20 de marzo de 2019 (Rec. 480/2018) abaló la dictada por el Juzgado de lo Contencioso nº1 de A Coruña contra la negativa del Concello de dicha ciudad de retirar la

bandera republicana colgada en el balcón de un edificio de titularidad municipal.

* **La colocación de banderas representativas de un movimiento que promueve la secesión de una Comunidad Autónoma del resto del territorio de España.** En esta línea: la sentencia TSJ de Cataluña Sala de lo Contencioso-Administrativo Sección 5ª n° 579/2018 de 5 de julio (rec. 767/2016) que confirmó la dictada por el Juzgado del Contencioso n° 2 de Barcelona con respecto al izado de la bandera estelada[176]; o la sentencia TSJ de Canarias con sede en las Palmas (Sección 1ª) n° 674/2017 de 19 de diciembre de 2017 (Rec. 283/2017) con respecto a la contravención al ordenamiento jurídico del acuerdo del Cabildo de Fuerteventura consistente en enarbolar la bandera de las siete estrellas verdes en lugar destacado del ente público el día 22 de octubre de 2016 en conmemoración de su 52 aniversario[177] [178].

---

176. Bandera creada en el s. xx (se discute si fue en 1915 o 1917) y que fue adoptada en 1919 como bandera por la independentista Federació Democrática Nacionalista. A día de hoy, representa al conjunto del movimiento independentista catalán.

177. La bandera de las siete estrellas verdes carece de carácter oficial y fue creada en 1964 por el Movimiento por la Autodeterminación e independencia del Archipiélago Canario (MPAIAC). https://www.laprovincia.es/canarias/2017/11/29/parlamento-reivindica-bandera-siete-estrellas/1003185.html

178. Este último caso plantea la peculiaridad de que se dictó una sentencia contradictoria referida a un supuesto muy similar: la STSJ de Canarias con sede en Santa Cruz de Tenerife (Sección 2ª) n° 328/2017 de 29 de noviembre (Rec. 198/2017). Esta última calificó de ajustado a Derecho el acuerdo del Ayuntamiento de Santa Cruz de Tenerife por el que se convenía el izado de la bandera de las siete estrellas verdes, apelando para ello al pluralismo político y apoyándose también en que el izado de la bandera se efectuó en la acera exterior del edificio frente a la fachada de la corporación, en unos mástiles auxiliares para enarbolar banderas con ocasión de visitas extranjeras u otros actos o celebraciones. Cabe decir que esta última sentencia fue casada por otra del Tribunal Supremo de 26 de mayo de 2020 (recurso casación n° 1327/2018) que concluyó: «(…) *se fija como doctrina que no resulta compatible con el marco constitucio-*

En todas las sentencias mencionadas supra no solamente se advierte que la actuación o inactividad de la Corporación Local relativa a banderas vulnera los preceptos de la Ley 39/1981 antes transcritos sino que, además, dichas resoluciones recuerdan también que se trata de comportamientos que:

1°. Quebrantan el principio de objetividad consagrado en los arts.103.1 CE, 3.1.c Ley 40/2015 y 6 LBRL7/1985.

2°. Incurren, manifiestamente, en vía de hecho.

En cuanto al principio de objetividad, como apuntábamos en el capítulo precedente, debe ser concebido como estricta sujeción a la ley, la cual es expresiva de la voluntad popular —tal como reconoce el preámbulo de nuestra Carta Magna[179]—. De ahí que la jurisprudencia insista en que la Administración no goza del derecho a la libertad de expresión pues aquélla se erige, precisamente, en cauce de expresión de la ley, que atesora la voluntad del cuerpo electoral[180]. Siendo ello así,

---

nal y legal vigente, y en particular, con el deber de objetividad y neutralidad de las Administraciones Públicas la utilización, incluso ocasional, de banderas no oficiales en el exterior de los edificios y espacios públicos, aun cuando las mismas no sustituyan, sino que concurran, con la bandera de España y las demás legal o estatutariamente instituidas.»

179. Preámbulo CE:

«*La Nación española, deseando establecer la justicia, la libertad y la seguridad y promover el bien de cuantos la integran, en uso de su soberanía, proclama su voluntad de:*

Garantizar la convivencia democrática dentro de la Constitución y de las leyes conforme a un orden económico y social justo.

Consolidar un Estado de Derecho que asegure el imperio de la ley como expresión de la voluntad popular.»

180. STC 244/2007 de 10 de diciembre

... las instituciones públicas, a diferencia de los ciudadanos, no gozan del derecho fundamental a la libertad de expresión que proclama el art. 20 CE...

STC 14/2003 de 28 de enero

... pero en ningún caso son titulares de los referidos derechos fundamentales las instituciones públicas o sus órganos (en relación con la libertad de expre-

la actuación administrativa controvertida es tanto como la suplantación de la voz general por la de quien ejecuta el acto. Sobre esta cuestión resulta de especial interés la sentencia del Tribunal Supremo (Sala de lo Contencioso) n° 933/2016 de 28 de abril que sostiene:

> *... lo relevante no es que la bandera cuestionada pertenezca a un partido, o se identifique con una concreta formación política, sino que no pertenece a —es decir, no se identifica con— la comunidad de ciudadanos que, en su conjunto, y con independencia de mayorías o minorías, constituye jurídicamente el referente territorial de cualquiera de las Administraciones o Poderes Públicos constituidos en el Estado español, en la Comunidad Autónoma de Cataluña o en la provincia de Barcelona, y por tanto su uso por cualquiera de esas Administraciones o Poderes quiebra el referido principio de neutralidad, siendo notorio que la bandera «estelada» constituye un símbolo de la reivindicación independentista de una parte de los ciudadanos catalanes representados por una parte de los partidos políticos, y sistemáticamente empleado por aquellas fuerzas políticas que defienden esa opción independentista, pero carece de reconocimiento legal válido como símbolo oficial de ninguna Administración territorial, resulta obvio que su uso y exhibición por un poder público —en este caso de nivel municipal— solo puede ser calificado de partidista en cuanto asociado a una parte —por importante o relevante que sea— de la ciudadanía identificada con una determinada opción ideológica (aunque esta sea compartida por varios partidos o fuerzas electorales), pero no representativa del resto de los ciudadanos que no se alinean con esa opción, ni por consiguiente, con sus símbolos*
>
> *... la neutralidad de dicho uso no depende de la voluntad o de las decisiones particulares de las Administraciones o Poderes Públicos, sino, precisamente, de su deber genérico de sujeción a la*

---

sión, SSTC 185/1989, de 13 de noviembre, FJ 4; 254/1993, de 20 de julio, FJ 7; en relación con las libertades de expresión e información, ATC 19/1993, de 21 de enero).

legalidad vigente configurada por los cauces democráticos que específicamente habilitan la Constitución y las leyes que la desarrollan.

... Es reiterada la doctrina del Tribunal Constitucional que sostiene que «las instituciones públicas, a diferencia de los ciudadanos, no gozan del derecho fundamental a la libertad de expresión que proclama el art. 20 CE « (por todas, SSTC 244/2007, de 10 de diciembre (RTC 2007, 244); 14/2003, de 28 de enero (RTC 2003, 14); 254/1993, de 20 de julio (RTC 1993, 254), entre otras).

En lo atinente a la vía de hecho, como es sabido, el art. 137 CE delimita la autonomía de los entes territoriales a la *«gestión de sus respectivos intereses»*. De esta forma, las potestades administrativas que las entidades locales pueden ejercitar son las tendentes al cumplimiento de los fines que la legislación de Régimen Local les atribuye en virtud del principio de autonomía reconocido en el art. 140 de la C.E. Es, concretamente, el art. 25 de la LBRL el que establece las competencias propias de los Municipios. El haz competencial legalmente atribuido a los entes locales, encaminado sin duda a la gestión de los intereses de sus ciudadanos, no incluye, como es obvio, la regulación de la bandera estatal y autonómica.

A este respecto no es dable obviar el principio elemental por el cual si el administrado puede hacer todo aquello que la ley no le prohíba, en ejercicio de su libertad individual, las Administraciones Públicas, por el contrario, actúan sometidas al principio de legalidad[181]. Cualquier actuación no amparada por la ley carece de cobertura y se encuentra viciada ex initio.

---

181. MARTÍN REBOLLO, L., «El control jurisdiccional de las Administraciones Públicas: la reforma del contencioso-administrativo». *Anuario jurídico de La Rioja*, ISSN 1135-7096, Nº 1, 1995, pp.192: *«Es la Ley la que otorga la potestad. Sin potestad, pues, sin habilitación legal previa, no hay actividad administrativa correcta, porque la Administración, —a diferencia de lo que sucede con los ciudadanos, que pueden hacer todo lo que la ley no prohíba— sólo puede hacer lo que la ley le autoriza o permite hacer.»*

Dicho esto, los edificios del Ayuntamiento tienen la condición de bienes de dominio público de acuerdo con los artículos 2 y 4 del Reglamento de Bienes de las Entidades Locales (Real Decreto 1372/1986) y artículo 5 de la Ley 33/2003, de Patrimonio de las Administraciones Públicas. Su utilización se ha de vincular al cumplimiento de los fines y competencias de la Administración titular del bien, lo que no ocurre con la colocación de una bandera no oficial en la Casa Consistorial, actuación que no se encuadra en ninguno de los títulos competenciales legalmente reconocidos a los municipios en el artículo 25 de la LBRL 7/1985.

ii. El busto del Rey

La figura del Monarca es, como afirmó García Pelayo, uno de los llamados «símbolos personales» en los que *el portador del símbolo es una persona física o institucional, mítica o histórica, en la que se hipostatizan un conjunto de representaciones*[182].

Apelando al simbolismo que impregna la institución monárquica, nuestra Constitución, en el art.56.1, dispone que el Rey es el Jefe del Estado, *«símbolo de su unidad y permanencia»*. Ese vigor simbólico pivota sobre el carácter neutral que debe presidir la institución, acorde con la máxima de que el «Rey reina pero no gobierna». No en vano, en la apertura misma del texto constitucional y en un único precepto se propugna como valor superior de nuestro ordenamiento jurídico el pluralismo político (apartado 1° del art.1) para, inmediatamente después, proclamar que la forma política del Estado es la Monarquía Parlamentaria (apartado 3° del art.1).

Es, de hecho, esta función simbólica y moderadora la que justifica la extraordinaria protección que brinda el art.56.3 CE,

---

182. GARCÍA PELAYO, M. *Mitos y símbolos políticos*, Taurus Ediciones S.A. (1964) pp.151.

al que se conecta la inviolabilidad e irresponsabilidad de la persona del Monarca.

Por lo demás, la simbología referida a la Corona ha ido acompañada de cierta polémica en la vida ordinaria de algunos Ayuntamientos de nuestro país. En este caso las controversias se han suscitado al hilo de la aplicación del art.85.2 del RD 2568/1986 de 28 de noviembre por el que se aprueba el Reglamento de Organización, Funcionamiento y Régimen Jurídico de las Entidades Locales (en adelante, ROF), el cual establece que «*en lugar preferente del salón de sesiones estará colocada la efigie de S. M. El Rey*».

Cabe decir que esta previsión no constituye ninguna novedad en nuestro ordenamiento jurídico desde el punto y hora en que ya aparecía en el Estatuto Municipal de 8 de marzo de 1924, sancionado por Alfonso XIII, en cuyo artículo 124 se establecía: «*En la fachada de la Casa Consistorial deberá ondear la bandera nacional en los días de fiesta oficial, y en el testero del salón de sesiones deberá colocarse el retrato del Jefe del Estado.*» También es menester recordar el Acuerdo del Consejo de Ministros de 26 de marzo de 1976 en el que se impone la colocación de fotografías de S.M. el Rey en Centros Oficiales: «*En todos los Centros, despachos y dependencias oficiales, civiles y militares del Estado, así como en los de la Provincia y el Municipio, Movimientos y organismos autónomos o paraestatales, deberá figurar la efigie del Jefe del Estado, procediéndose, por lo tanto, a colocar en lugar preferente la correspondiente fotografía de S.M. el Rey, de acuerdo con los modelos determinados por su Casa.*[183]»

---

183. Obsérvese que la página web del organismo público Patrimonio Nacional permite descargar las fotografías oficiales de los miembros de la familia real con referencia al formato y dimensiones de los retratos disponibles: (http://www.patrimonionacional.es/programasculturales/publicaciones/all/retratos_ssmm).

Así se indica de forma expresa en la Circular 28-2014 de la Federación Española de Municipios y Provincias (http://femp.femp.es/files/3580-894-fichero/

Los contenciosos que el mandato mencionado ha suscitado en los últimos años han girado en torno a dos líneas de discusión; de una parte, un primer debate dirigido a determinar qué lugar ocupa la norma antes mencionada en nuestra jerarquía normativa, y de otra, una segunda lid acerca de qué interpretación merece la expresión «lugar preferente», contenida en el art.85.2 ROF.

a) Lugar reservado al art.85.2 ROF en la jerarquía normativa. En fecha 12 de enero de 2016 se publicó en el Boletín Oficial de la Provincia de Barcelona la modificación del art.75 del Reglamento Orgánico Municipal de Barcelona, de 16 de febrero de 2001 (en adelante, ROM). La modificación aludida implicaba la adición al art.75 de un segundo apartado en virtud del cual la determinación de los elementos simbólicos e institucionales que debían estar presentes de forma permanente en el salón de sesiones debía resultar de un acuerdo adoptado por el Pleno del Consejo Municipal por mayoría de dos tercios del número legal de los miembros de la Corporación.

Dicha previsión fue impugnada por la Delegación del Gobierno ante el Tribunal Superior de Justicia de Cataluña (art.10.1.b LJCA).

El recurso fue estimado en sentencia nº 944/2019 de 18 de noviembre de 2019 que concluyó que el art.85.2 ROF era una norma básica, acompañándose, sin embargo, de un voto particular discrepante, en parte, de la decisión mayoritaria. Dicha sentencia fue impugnada en casación, desestimándose tal recurso por sentencia del Tribunal Supremo (Contencioso), sec. 4ª de 28 de junio 2021, nº 925/2021, rec. 1538/2020.

Circular%2028-2014%20Fotograf%C3%ADas%20oficiales%20del%20Rey%20de%20Espa%C3%B1a%20en%20dependencias%20oficiales.pdf).

b) Significado de la expresión «lugar preferente» contenida en el art.85.2 ROF.

El segundo tipo de controversias ligadas a la efigie del Rey versan sobre la interpretación que debe darse al término «lugar preferente» del salón de sesiones en el que debe ubicarse el busto del Rey según el art.85.2 del RD 2568/1986. Sobre esta segunda problemática pueden mencionarse, sin ánimo de ser exhaustivos:

*   La sentencia del Juzgado de lo contencioso n°2 de Tarragona n°286/2016 de 1 de septiembre de 2016 (Rec.437/2015) por la que se estimó el recurso presentado por la Delegación del Gobierno contra el acuerdo del Ayuntamiento de Torredembarra por el que se convenía retirar la fotografía del Rey situada en el salón de plenos del ente local y sustituirla por otra tamaño carnet a colocar en el dintel de la puerta de salida del mismo salón.

*   La sentencia del Juzgado de lo Contencioso n° 1 de Pamplona-Iruña n° 172/2016 de 22 de septiembre de 2016 (Rec.363/2015) por la que se estimó el recurso formulado por la Delegación del Gobierno contra la actuación del alcalde de Pamplona que desplazó la figura del Rey a un rincón del salón de plenos.

El diccionario de la Real Academia de la Lengua Española define «preferencia» como *primacía, ventaja o mayoría que alguien o algo tiene sobre otra persona o cosa, ya en el valor, ya en el merecimiento»*. La norma impone, por lo tanto, que la efigie del Monarca se sitúe en un lugar preeminente y en unas dimensiones razonables, circunstancia que es diáfana a la luz de los criterios interpretativos consagrados en el art.3.1 CC[184].

---

184.   Art.3.1 CC: *Las normas se interpretarán según el sentido propio de sus palabras, en relación con el contexto, los antecedentes históricos y legislativos, y la realidad social del tiempo en que han de ser aplicadas, atendiendo fundamentalmente al espíritu y finalidad de aquellas.*

Al fin y al cabo, tal como advirtió el TSJ del País Vasco en sentencia 251/2014 de 26 de mayo de 2014 en unas reflexiones realizadas con ocasión del izado de la bandera española pero que son perfectamente trasladables a la colocación de la efigie del Rey, *la interpretación de normas preceptivas como las contenidas en los artículos 3 y siguientes de la Ley 39/1981 no puede supeditarse a la realidad social del momento en que se aplica la ley (artículo 3-1 del Código Civil) o a cualquier otro criterio dígase sociológico, ideológico, de conveniencia u oportunidad que desvirtúe el carácter «imperativo» de dichas disposiciones.»*

IV. SÍMBOLOS NO OFICIALES

Los símbolos no oficiales son aquellos que, no representando específicamente a las instituciones públicas, sí reflejan ciertos valores, ideas o abstracciones compartidas por más o menos personas.

i. La denominada «bandera arcoíris»

La denominada bandera LGTBI o bandera arcoíris fue creada en la década de los años 70 por Gilbert Baker a petición del activista Harvey Milk, con ocasión de la marcha por el Día de la Libertad Gay que se celebraría el 25 de junio de 1978 en San Francisco (en conmemoración de los acontecimientos que tuvieron lugar en junio de 1969 en StoneWall Inn, Manhattan). Este símbolo sustituiría el que el movimiento LGTBI había utilizado hasta entonces consistente en un triángulo rosa —recordatorio del elemento con el que el nazismo identificaba a las personas homosexuales en los campos de concentración durante la Segunda Guerra Mundial—.

Originariamente tenía ocho colores: rosa, rojo, naranja, amarillo, verde, turquesa, azul y morado, representativos de, respectivamente, la sexualidad, la vida, la salud, el sol, la naturaleza, la magia y el arte, la armonía y el espíritu. No obstante, tras el asesinato de Harvey Milk, en noviembre de 1978, la demanda de este símbolo creció de tal modo que el rosa empezó a no estar disponible en las fábricas, razón por la cual se retiró dicho color. En 1979 se prescindió de la franja turquesa de la bandera por cuanto al instalarla en los postes de luz dicho color pasaba desapercibido. En la actualidad, pues, la bandera arcoíris tiene seis franjas de colores rojo, naranja, amarillo, verde, azul y morado.

En cuanto a la colocación de la bandera LGTBI en espacios institucionales debemos advertir que se trata de una cuestión que ha sido y está siendo discutida a nivel jurisprudencial. Antes de adentrarnos en el estudio de las sentencias dictadas sobre este asunto sí nos detendremos un instante en el Informe de la Abogacía del Estado en Madrid (Delegación del Gobierno) nº 345/2019, partidario de la compatibilidad de dicha bandera con la neutralidad administrativa. El citado informe sustenta esta postura, en síntesis, en los siguientes argumentos:

1º. La comúnmente llamada «bandera del colectivo LGTBI» o «bandera arcoíris» no constituye enseña o señal de una nación, de una ciudad ni de una institución sino que conforma un símbolo en pro de la igualdad de las personas con independencia de su identidad u orientación sexual y por el libre desarrollo de la personalidad. Así pues, el símbolo del que hablamos, más allá de la denominación corriente que se le asigne, no encaja en la acepción técnica de bandera y, por consiguiente, no le resulta de aplicación la Ley 39/1981[185] [186].

---

185. Recuérdese que conforme al Diccionario de la Real Academia de la Lengua Española una bandera es una *«tela de forma comúnmente rectangular, que se asegura por uno de sus lados a un asta o a una driza y* se emplea como enseña o señal de una nación, una ciudad o una institución».

186. MARTÍNEZ OTERO, J. M entiende que este deslinde en el concepto de «bandera» resulta torticero siendo que, en su opinión, debe partirse de una acepción amplia de bandera. Sin embargo, pareciendo dicho autor partidario de la posibilidad de colocar ciertas banderas no oficiales en espacios institucionales,

2º. Ahora bien, el hecho de que un determinado símbolo no se encuentre sometido a la Ley 39/1981 no supone, per se, que su exhibición en un edificio público sea necesariamente ajustada al ordenamiento jurídico. En efecto, el art.103.1 de la Carta Magna impone a las Administraciones Públicas un deber de servicio, objetivo e imparcial, en favor del interés general, deber que se reproduce en el art. 3 de la Ley 40/2015 al que se añade la noción de lealtad institucional.

Para esclarecer si la exhibición del símbolo antes mencionado se identifica con un interés público no habrá que atender al mero indicativo cuantitativo de su mayor o menor aceptación general, sino a la elevación cualitativa de su significado. Dicho de otro modo, la amplia aprobación de, por ejemplo, el matrimonio homosexual por la sociedad española (y de la que se hace eco la STC 198/2012 de 6 Nov. 2012, Rec. 6864/2005[187]) no resulta, a estos efectos, determinante. Por el contrario, sí es

---

no explica en modo alguno de qué manera pretende compatibilizar tal colocación con el tenor literal de los arts.3 a 7 de la Ley 39/1981 que definen con total precisión qué concretas banderas deben ondear, en qué específico lugar y en qué orden. MARTÍNEZ OTERO, J. M, Qué se puede y qué no se puede colgar en un balcón consistorial. A vueltas con la exhibición de símbolos en espacios públicos institucionales y el pretendido deber de neutralidad de la Administración. *REALA Nueva Época* nº15 abril 2021, p.52.

187. (…) *estudios sociológicos realizados en España revelan un alto grado de aceptación del matrimonio homosexual en la sociedad española. En este sentido, se cita el Barómetro del Centro de Investigaciones Científicas de junio de 2004, según el cual el 79 % de los españoles se muestra de acuerdo con la afirmación de que la homosexualidad es una opción personal tan respetable como la heterosexualidad, un 67 % considera que a las parejas estables homosexuales se les debe reconocer los mismos derechos y deberes que a las heterosexuales, y un 66,2 % de la población se muestra favorable a que tengan derecho a contraer matrimonio.*

(…) *este Tribunal no puede permanecer ajeno a la realidad social y hoy existen datos cuantitativos contenidos en estadísticas oficiales, que confirman que en España existe una amplia aceptación social del matrimonio entre parejas del mismo sexo, al tiempo que estas parejas han ejercitado su derecho a contraer matrimonio desde el año 2005.*

concluyente que la libertad y la igualdad configuren valores superiores de nuestro ordenamiento jurídico (art.1.1 CE), así como que el libre desarrollo de la personalidad se erija, por expresa determinación constitucional, en fundamento del orden político y de la paz social (art.10.1 CE). De la misma forma, resulta definitivo que la prohibición de discriminación por razón de orientación o identidad sexual (art.14 CE) constituya derecho fundamental de toda persona y, en tanto que tal, esté protegido no solamente por nuestra *Norma Normarum* sino también por acuerdos internacionales ratificados por España, con arreglo a los cuales deben interpretarse tales preceptos constitucionales ex.art.10.2 CE (art.14 del Convenio Europeo de Derechos Humanos[188] y art.21 de la Carta de Derechos Fundamentales de la Unión Europea). En conclusión, tal actuación administrativa sí aparecería encaminada a satisfacer el interés público.

No obstante, el obrar administrativo no sólo debe tener un determinado sentido teleológico sino que, además, debe desenvolverse de forma objetiva e imparcial. En lo tocante al primero de estos adjetivos —como decíamos en el capítulo precedente— la doctrina y jurisprudencia tienen establecido que debe entenderse como estricta sujeción al ordenamiento jurídico. Y, como exponíamos supra, la actuación administrativa analizada cuenta con un robusto asidero constitucional.

Respecto al segundo de los calificativos, «imparcial»[189], el símbolo que ahora analizamos parte de la premisa esencial de, precisamente, no tomar partido por una u otra preferencia afectiva, proyecto de vida o identidad personal, reservando tales cuestiones a la libérrima decisión de cada individuo. De esta forma, cualquiera que sea la determinación del ciudadano sobre los extremos antedichos, éste será tributario de idéntica dignidad en tanto que persona y merecedor de simétrica con-

---

188. STEDH Kerner v. Austria, de 24 de julio de 2003.

189. Recordemos, según el Diccionario de la Real Academia de la Lengua Española, *«ausencia de designio anticipado o de prevención en favor o en contra de alguien o algo»*.

sideración por los poderes públicos con respecto a sus conciudadanos[190].

Asimismo, los actos de la Administración tienen que guardar la debida lealtad institucional. En relación con este aspecto baste decir que la denominada «bandera arcoíris» no desconoce las bases de la arquitectura constitucional de nuestro Estado; antes bien, como se ha argumentado, abraza sus valores más elementales.

En suma, la colocación en un edificio público de un símbolo que representa la igualdad de todo sujeto al margen de su orientación o identidad sexual y el respeto al libre desarrollo de su personalidad, no atenta contra los principios de persecución del interés general, objetividad, imparcialidad y lealtad institucional a los que se debe todo ente público y en esta misma línea se han expresado algunas sentencias[191].

---

190. Sentencia del Tribunal Supremo, Sala Tercera, de lo Contencioso-administrativo, Sección 7ª, Sentencia de 12 Nov. 2012, Rec. 6856/2010

(…) *Es difícilmente comprensible que se tenga por adoctrinadora la exposición de los distintos tipos de familia que existen en la sociedad española, tipos de familia que, como bien dice el voto particular, con toda probabilidad conocen de antemano los alumnos a los que va dirigido el manual por formar parte muchos de ellos de las que son distintas de la tradicional. Y por lo que se refiere a los tipos de sexualidad, de nuevo, es la exposición lo que se encuentra en el texto: información y no defensa, descripción y no prescripción, de determinados patrones y llamamiento a la responsabilidad en el ejercicio de la libertad y al respeto a la otra persona.*

No consigue explicar la sentencia por qué es adoctrinador este enfoque. O, si se quiere, por qué infringe el principio de neutralidad ideológica que en un centro público se haga un planteamiento de la naturaleza indicada a partir de un presupuesto esencial: la dignidad que todos tenemos, no por ser ciudadanos, sino como bien explica el manual, por ser personas.

191. Sentencia del Tribunal Superior de Justicia de Galicia, Sala de lo Contencioso-administrativo, Sección 1ª, 147/2019 de 20 Mar. 2019, Rec. 480/2018

(…) *de conformidad con lo dispuesto en el artículo 4 de la Constitución Española , y los artículos 2.1 y 3.1 de la Ley 39/1981, de 28 de octubre , por la que se regula el uso de la bandera de España y el de otras banderas y enseñas, en los edificios públicos solo podrán ondear, y solo se podrán colocar, las banderas oficiales que las citadas normas reconocen como tales, incluidas las banderas*

3°. Por último, la actuación administrativa consistente en colocar este símbolo el día del orgullo gay en un edificio público descansa sobre el ejercicio de una potestad administrativa previamente asignada por el ordenamiento jurídico. Tal potestad se proyecta en una triple dirección:

▶ En primer lugar, la denominada «bandera arcoíris» en representativa del derecho a la igualdad recogido en el art.14 CE. Pues bien, este derecho fundamental trasluce una doble faz en lo que a la actuación de los poderes públicos se refiere toda vez que éstos no solamente tienen un deber negativo de abstención en cuanto a la generación de diferencias arbitrarias sino que, además y por indicación del art.9.2 CE, tienen una obligación positiva de promover las condiciones para que la libertad y la igualdad de los individuos y los grupos sociales en los que se integran sea real y efectiva, removiendo los obstáculos que dificulten o impidan su plenitud[192].

---

que también se reconozcan como propias en los Estatutos de las Comunidades Autónomas, o las oficiales que se reconozcan como propias de los Ayuntamientos y Diputaciones o cualesquiera otras Corporaciones públicas.
La bandera republicana no es una bandera oficial, y la diferencia con las expresiones de apoyo a los refugiados, a los colectivos LGTB, a organizaciones de defensa de causas medioambientales, etc. *es que la conducta que aquí se reprocha al Concello de A Coruña es la colocación de una bandera no oficial en un edificio público.* **No se reprocha la colocación y exhibición de un lema, leyenda o manifestación de apoyo a determinados colectivos, que no infringe el principio de neutralidad.**
    192.   Sentencia Tribunal Constitucional, Pleno, Sentencia 12/2008 de 29 Ene. 2008, Rec. 4069/2007 (…) *En cuanto al art. 9.2 CE hemos tenido ocasión de afirmar que «la igualdad que el art. 1.1 de la Constitución proclama como uno de los valores superiores de nuestro ordenamiento jurídico —inherente, junto con el valor justicia, a la forma de Estado Social que ese ordenamiento reviste, pero también, a la de Estado de Derecho— no sólo se traduce en la de carácter formal contemplada en el art. 14 y que, en principio, parece implicar únicamente un deber de abstención en la generación de diferenciaciones arbitrarias, sino asimismo en* la de índole sustancial recogida en el art. 9.2, que obliga a los po-

▶ En otro orden de cosas, el «día del orgullo» es una festividad que viene celebrándose en las ciudades de Barcelona[193] y Madrid desde finales de los años setenta y que reúne a miles de personas desde hace ya varias décadas. Tal es la capacidad de convocatoria de esta celebración que por el Pleno del Ayuntamiento de Madrid fue declarada «fiesta de interés general» por acuerdo de 29 de junio de 2016 (Punto. 39, BOAM de 1 de agosto de 2016 N° 7.713).

En definitiva, la fiesta «del orgullo» es ya una tradición y, como tal, debe ser preservada por los poderes públicos. Sentencia del Tribunal Supremo, Sala Tercera, de lo Contencioso-administrativo, Sección 7ª, de 2 Dic. 2014, Rec. 950/2012

> (...) *habrá que concluir que no es posible aludir a la existencia del trato discriminatorio que se denuncia porque la tradición cultural del símbolo que supuestamente habría determinado esa falta de neutralidad prima sobre su connotación religiosa, de tal manera que es principalmente por aquella razón y no por ésta por la que* **dicho símbolo no sólo debe ser respetado sino preservado por los poderes públicos, al igual que cualesquiera otros símbolos, sean o no religio-**

---

deres públicos a promover las condiciones para que la de los individuos y de los grupos sea real y efectiva» (STC 216/1991, de 14 de noviembre, FJ 5).

Dicho de otro modo, el art. 9.2 CE expresa la voluntad del constituyente de alcanzar no sólo la igualdad formal sino también la igualdad sustantiva, al ser consciente de que únicamente desde esa igualdad sustantiva es posible la realización efectiva del libre desarrollo de la personalidad; por ello el constituyente completa la vertiente negativa de proscripción de acciones discriminatorias con la positiva de favorecimiento de esa igualdad material.

193. La primera manifestación en España tuvo lugar en Barcelona en junio de 1977 con una marcha en la Rambla encabezada por varias personas transexuales y organizada por el Front d'Alliberament Gai a Catalunya.

https://www.elperiodico.com/es/sociedad/20180628/dia-orgullo-gay-historia-28-junio-5234055

sos, que formen parte de la cultura tradicional y del arraigo del pueblo español.

▶ En último lugar, la fiesta del día del orgullo tiene un indudable interés turístico. En este sentido, el acuerdo de 29 de junio de 2016 del Ayuntamiento de Madrid recordaba que es la celebración de esta índole más concurrida de Europa y que se han calculado más de 1,5 millones de asistentes a esta fiesta (no solamente madrileños sino de otros puntos de España y también del extranjero), de suerte que los ingresos para la ciudad han llegado a alcanzar los 150 millones de euros.

Esta tradición, por lo tanto, además de tener una honda significación entraña un indudable interés turístico, cuya promoción concierne a los Ayuntamientos ex art. 25.2.h LBRL 7/1985[194].

Examinaremos, a continuación, diversos pronunciamientos jurisprudenciales emitidos sobre esta cuestión.

Una gran parte de los recursos contencioso-administrativos interpuestos contra la colocación de la bandera arcoíris en edificios públicos fueron inadmitidos por falta de legitimación activa de la asociación recurrente, denominada Abogados Cristianos. Véanse, entre muchas otras resoluciones, los autos del Tribunal Supremo de 16 de septiembre de 2020 (rec. nº 162/2020), de 14 de enero de 2020 (rec. nº 403/2019), de 21 de julio de 2020 (rec, nº 117/2020) y de 22 de julio de 2020 (rec. nº 103/2020).

---

194.   Art.25.2.h LBRL 7/1985:
El Municipio ejercerá en todo caso como competencias propias, en los términos de la legislación del Estado y de las Comunidades Autónomas, en las siguientes materias:

h) Información y promoción de la actividad turística de interés y ámbito local.

Los autos mencionados señalaron que la legitimación activa constituye un presupuesto inexcusable del proceso, que exige una relación unívoca entre el sujeto y el objeto de la pretensión, de tal forma que la anulación de la actuación o de la inactividad alegada, produzca un efecto positivo —beneficio— o negativo —perjuicio—, actual o futuro, pero siempre cierto para quien demanda. La comprobación de si existe legitimación «ad causam» conlleva por ello la necesidad de comprobar la interrelación existente entre el interés legítimo que se invoca y el objeto de la pretensión (art.10 Ley 1/2000, de 7 de enero, de Enjuiciamiento Civil), siendo que la alegación, justificación y prueba de la legitimación es una carga procesal que incumbe a la parte que se la arroga cuando es cuestionada en el proceso.

En este sentido, la asociación recurrente invocó sus estatutos entre cuyos fines figuraba «propender el afianzamiento de una buena administración de justicia» y «la defensa y promoción de la concepción cristiana de la familia». Pese a lo anterior, el Tribunal Supremo concluyó que no es interés legitimador suficiente la simple autoatribución estatutaria de legitimación activa por cuanto aceptar tal posibilidad equivaldría a admitir como legitimada a cualquier asociación que se constituyera con el objeto de impugnar disposiciones de carácter general o determinadas clases de actos administrativos[195]. Los autos citados añadieron que el interés en el cumplimiento de la ley no puede ser título legitimador, pues no se distinguiría de una acción popular. Si cualquier asociación que incluyera entre sus fines un objetivo similar pudiera tener legitimación para impugnar aquello que juzgara contrario a Derecho, en cualquier ámbito sectorial se estaría reconociendo una suerte de acción popular universal en realidad desconocida en nuestro ordenamiento jurídico.

---

195. Dicha doctrina es reiterada: STS de 9 de julio de 2013 (Rec 357/2011), STS 915/2016, de 26 de abril de 2016, 396/2017, STS de 8 de marzo (Rec. 4451/2016) o la 1300/2016, de 2 de junio (Casación 2812/2014).

En otro orden de cosas, se ha planteado si, una vez retirada la bandera arcoíris del balcón consistorial por haber finalizado el día del orgullo, y no habiéndose dictado sentencia todavía, puede declararse la carencia sobrevenida del objeto del proceso, al no persistir la actividad administrativa a la que se contrae la impugnación. En este sentido, la sentencia del Tribunal Superior de Justicia de Cataluña de 21 de diciembre de 2023 (rec. 492/2023) declaró que no cabe la meritada finalización del procedimiento judicial desde el momento en que se trata de actuaciones que se reproducen periódicamente cada año, subsistiendo, en consecuencia, el interés legítimo del demandante.

Entrando ya en el fondo del asunto, la sentencia del Tribunal Superior de Justicia de Aragón de 13 de junio de 2022 (rec. 633/2021), por su parte, estimó el recurso interpuesto contra la colocación de una pancarta multicolor en favor del movimiento LGTBI en el edificio consistorial del Ayuntamiento de Zaragoza el día 26 de junio de 2020, si bien por el único motivo de no haber ido aquélla precedida de expediente ni resolución administrativa alguna. Por esta razón, concluyó, se trataba de una actuación material constitutiva de vía de hecho[196].

No obstante lo anterior, dicha sentencia también incluyó otros pronunciamientos de interés al afirmar que:

1°) Con arreglo a la definición contenida en el Diccionario de la Real Academia de la Lengua, no cabe confundir «pancarta» con «bandera», de lo que se colige que la colocación de una pancarta como la que se analizó no entrañó quebranto alguno a la Ley 39/1981.

2°) La colocación de la referida pancarta estaba legitimada por el poder legislativo, que promueve acciones positivas hacia el movimiento asociativo LGTBI (en particular, la Ley 3/2007 de 22 de marzo por la igualdad efectiva de hombres y mu-

---

196.   En el mismo sentido se pronunció el Tribunal Superior de Justicia de Murcia en sentencia de 15 de mayo de 2023 (rec. 210/2022).

jeres y, especialmente, el artículo 2.2 de la Ley 18/2018, de 20 de diciembre, de igualdad y protección integral contra la discriminación por razón de orientación sexual, expresión e identidad de género en la Comunidad Autónoma de Aragón).

En completa contradicción con lo anterior, la sentencia del Tribunal Superior de Justicia de Castilla y León (Valladolid) de 1 de julio de 2022 (rec. 73/2022) sostuvo lo siguiente:

1°) Para excluir la vía de hecho no basta con que haya un procedimiento administrativo cualquiera y el consiguiente acto. Cuando el acto administrativo se haya dictado careciendo de la correspondiente cobertura legal o con tan graves vicios o defectos que supongan su nulidad radical o de pleno derecho, nos toparemos también con una vía hecho.

Por esta razón la sentencia entendió que la existencia de un acuerdo del pleno del Ayuntamiento como apoyatura a la actuación administrativa relativa a la colocación de la pancarta no convalidó la ruptura del deber de neutralidad de la Administración.

2°) La sentencia mencionada consideró que *la bandera arcoíris es un símbolo con la suficiente carga o significación ideológica que trasciende a lo meramente social penetrando en lo político.* Mantuvo, asimismo, que *la realidad social y política demuestra, precisamente, que en el epicentro del debate político se hallan posiciones encontradas de diferentes partidos políticos y grupos sociales. Incluso la lucha por determinados derechos del colectivo LGTBI en concreto el matrimonio homosexual, la adopción, el aborto...etc. son cuestiones que directamente dividen a los ciudadanos hasta el punto que son también los partidos políticos quienes residencian en el Tribunal Constitucional diferentes recursos contra estas cuestiones.*

La sentencia añadió que con tal razonamiento sólo se afirmaba *que no son temas pacíficos ni compartidos por todas las opciones políticas, llegándose a la judicialización del reconocimiento de determinados derechos, por lo que no se trata de cuestiones compartidas por la generalidad de la sociedad (como pueda ser la lucha contra el acoso escolar, ejemplo citado por la demandada) y así, la carga ideológica de la enseña no puede negarse, procediendo su* retirada.

Atendida la manifiesta contradicción entre ambas sentencias el Tribunal Supremo admitió, a través de auto de 8 de noviembre de 2023, recurso de casación —pendiente de resolución en este momento—.

Con todo, no podemos obviar que, con posterioridad a su sentencia de 1 de julio de 2022, el Tribunal Superior de Justicia de Castilla y León (Valladolid), matizó su posición al mantener, en sentencia de 11 de octubre de 2023 (rec. 153/2023), lo siguiente:

> *… los pronunciamientos efectuados hasta la fecha en relación con esta cuestión han de ser reconsiderados en atención a los mandatos contenidos en la Ley 4/2023, de 28 de febrero, para la igualdad real y efectiva de las personas trans y para la garantía de los derechos de las personas LGTBI, en vigor desde el 2 de marzo de 2023; en concreto, el artículo 5 dispone que «2. Los poderes públicos fomentarán el reconocimiento institucional y la participación en los actos conmemorativos de la lucha por la igualdad real y efectiva de las personas LGTBI». Es cierto que contra diversos preceptos de dicha ley se han presentado sendos recursos de inconstitucionalidad promovidos respectivamente por más de cincuenta diputados de los Grupos Parlamentarios Vox (número 2428-2023), y Popular (número 3679-2023) admitidos a trámite por providencias del Tribunal Constitucional de 9 de mayo y 20 de junio de 2023, lo que por sí sólo corrobora la controversia política actual en relación con este ámbito, pero es igualmente cierto que entre los preceptos impugnados ante el Tribunal Constitucional no se incluye el citado artículo 5.2.*

Esta última sentencia razonó que si es la ley la que expresamente asume como interés general digno de fomento el reconocimiento y participación de los poderes públicos en los actos conmemorativos de la lucha en cuestión, difícilmente puede considerarse que las administraciones que así se posicionen vulneran los principios de objetividad y neutralidad política.

El argumento señalado, sin embargo, no fue compartido por el Tribunal Superior de Justicia de Madrid el cual, confirmando un auto 22 de julio de 2022 dictado por el Juzgado de lo Contencioso-Administrativo núm. 18 de Madrid que acordó la suspensión de la presunta actuación en vía de hecho llevada a cabo por el Ayuntamiento de Madrid por la colocación de banderas/pancartas LGTBI en el edificio municipal, entendió que el artículo 22.4 de la Ley 3/2016, de 22 de julio, de Protección Integral contra la LGTBifobia y la Discriminación por Razón de Orientación e Identidad Sexual en la Comunidad de Madrid no brindaba cobertura bastante a la actuación administrativa controvertida [sentencia TSJ de Madrid de 12 de mayo de 2023 (rec. 870/2022)].

El artículo 22.4 de la Ley 3/2016 establece que *los poderes públicos prestarán respaldo a la celebración en fechas conmemorativas, de actos y eventos que, como formas de visibilización, constituyen instrumentos de integración y consolidación de la igualdad social plena y efectiva en la vida de las personas LGTBI . En particular se respaldarán y apoyarán las acciones que el movimiento social y activista LGTBI realice el día 28 de junio, Día Internacional del orgullo LGTBI o Día Internacional de Lesbianas, Gais, Bisexuales, Transexuales, Transgénero e Intersexuales.*

La sentencia del Tribunal Superior de Justicia de Madrid se apoyó en la jurisprudencia del Tribunal Supremo en materia de banderas, aludiendo, en concreto a los pronunciamientos que a continuación se transcriben:

Sentencia del Tribunal Supremo nº 564/2020, de 26 de mayo de 2020 (rec. 1327/2018)

… no cabe aceptar de ningún modo que la colocación de las banderas partidistas —en el sentido que se acaba de exponer— en edificios y lugares públicos constituya un acto de «obligado» cum-

plimiento que se impone a los Alcaldes por cuanto obedece a la decisión «democrática» de un pleno municipal adoptada con el voto de concejales democráticamente elegidos. En otras palabras, el hecho de que los acuerdos en los órganos colegiados se tomen democráticamente en modo alguno los hace conformes a Derecho, sino que precisamente están sujetos al mismo y por ello pueden ser invalidados, sin que la formación democrática de los mismos los sane ni pueda prevalecer sobre el ordenamiento jurídico, que vincula a todos los poderes públicos.

Sentencia del Tribunal Supremo de 26 de junio de 2019, recurso casación 5075/2017 (cuyo criterio es reiterado en las sentencias 28 de junio de 2019, casación 352/2018 y 1 de julio de 2019, casación 4010/2017):

... no resulta compatible con el marco constitucional y legal vigente, y en particular, con el deber de objetividad y neutralidad de las Administraciones Públicas la utilización, incluso ocasional, de banderas no oficiales en el exterior de los edificios y espacios públicos, aun cuando las mismas no sustituyan, sino que concurran, con la bandera de España y las demás legal o estatutariamente instituidas.

De esta forma, el Tribunal Superior de Justicia de Madrid determinó que, siendo digno de reconocimiento que las Administraciones Públicas tengan una especial sensibilidad para promover y difundir la defensa de los valores recogidos en la Ley 3/2016, de 22 de julio, para las personas LGTBI, esas actuaciones no pueden contravenir el ordenamiento jurídico en el sentido dictaminado por el Tribunal Supremo en su Sentencia número 564/2020, de 26 de mayo de 2020.

Así las cosas, el Tribunal Superior de Justicia de Madrid consideró que debe garantizarse la objetividad y neutralidad de las Administraciones Públicas a la hora de instalar o colocar de forma ocasional o permanente banderas no oficiales en el exterior de los edificios y espacios públicos, objetividad y neutralidad que pueden ponerse en cuestión en situaciones como la enjuiciada. Finalmente, aconsejó adoptar otras medidas alternativas para responder a las legítimas aspiraciones del colectivo LGTBI[197].

La Asociación Abogados Cristianos llegó a plantear, incluso, que la colocación de la bandera LGTBI podía ser constitutiva de un delito de prevaricación administrativa (artículo 404 del Código Penal). Tal postura fue rechazada de plano por auto de 16 de julio de 2020 del Juzgado de Instrucción nº 6 de Valladolid, confirmado por auto de la Audiencia Provincial de Valladolid, sec. 4ª, de 9 de diciembre de 2020 (rec. 613/2020).

La Audiencia Provincial de Valladolid indicó que:

- Los hechos no revestían, ni siquiera indiciariamente, entidad suficiente para entender que pudieran ser constitutivos del delito referido.

- El delito de prevaricación administrativa exige una infracción de normas administrativas evidente, patente, flagrante, clamorosa, tan notoria e incuestionable que pueda apreciarse por cualquier persona, excluyéndose totalmente del tipo penal las simples ilegalidades o irregularidades administrativas.

- *El hecho de colocar en un edificio institucional una bandera, que, a criterio del querellante, no es oficial, en modo alguno supone la vulneración penal que en la querella se pretende, porque la bandera colocada, la del colectivo LGTBI, es compatible tanto con el marco constitucional vigente como con el deber de neutralidad y objetividad de la administración, no hallándose vinculada la misma a opciones políticas de un solo signo, mucho menos a reivindicaciones no legales o extramuros del estado de derecho, sino todo lo contrario.*

---

197. En términos similares se expresa el auto de 26 de junio de 2020 del Juzgado Contencioso-Administrativo de Cádiz nº1.

ii. Los lazos amarillos

El lazo amarillo es un símbolo que tiene por objeto recordar a los dirigentes políticos que fueron condenados por los delitos que cometieron en el marco del denominado «procés», entre septiembre y octubre de 2017 en Cataluña[198] [199]. Se trata de un símbolo que toma partido por ciertas ideas políticas y por las pretensiones de un grupo de ciudadanos[200] en una cuestión en la que *están rotos los consensos sociales*[201].

Son de ver, en esta materia, varios pronunciamientos judiciales que han tratado la cuestión referida a la colocación de estos símbolos en las fachadas de edificios públicos. El primero de ellos, del Juzgado de lo Contencioso n°3 de Pamplona-Iruña (sentencia de 2 de enero de 2020) abordó la instalación de citado lazo en el balcón principal de la Casa Consistorial del Ayuntamiento de Mendigorría. Dicho fallo, no obstante, resulta bastante parco desde el momento en que el ente local se allanó

---

198.   Acuerdos de la Junta Electoral Central de 11 de marzo de 2019 (Acuerdo n° 55/2019) y de 18 de marzo de 2019 (Acuerdo n° 66/2019)...*La utilización de este símbolo pretende recordar que dirigentes o candidatos pertenecientes a formaciones políticas que se presentan a las próximas elecciones se encuentran en situación de prisión preventiva.*

199.   Joan Ridao indica que *el lazo amarillo se empezó a colocar en los árboles y en los barandales de las escaleras para incendios de los suburbios de Estados Unidos, como símbolo de esperanza en el regreso de sus hijos de la guerra de Vietnam. Según la versión de los historiadores Antoni Muñoz y Josep Catà, la primera referencia conocida del uso de escarapelas de color amarillo en Cataluña se remonta a 1705. El virrey borbónico en este territorio, Francisco Fernández Velasco y Tovar, prohibió su uso para evitar la publicidad del bando austracista, que los usaba creando discordias entre las familias.*

RIDAO MARTÍN.J «*La libertad de expresión y sus conflictos en el espacio público*». Thomson Reuters Aranzadi 2019, pp.37.

200.   En esta línea, el Defensor del Pueblo (en su Declaración Oficial de 3 de septiembre de 2018) entiende que este símbolo es representativo o está vinculado a unas determinadas ideas políticas.

https://www.defensordelpueblo.es/wp-content/uploads/2018/09/Comunicado_neutralidad_ideologica_edificios_publicos_Catalunya.pdf

201.   Sentencia del Juzgado Contencioso n°6 de Barcelona de 11 de febrero de 2020 que, a su vez, menciona la STS de 27 de junio de 2019.

a las pretensiones del recurrente reconociendo, por lo tanto, que la meritada colocación era contraria al ordenamiento jurídico.

El segundo pronunciamiento recayó en el Juzgado de lo Contencioso nº6 de Barcelona (sentencia de 11 de febrero de 2020), en el marco de un procedimiento para la protección de los derechos fundamentales de la persona (arts. 114 y ss. LJCA 29/1998), planteado por la Asociación de Abogados Catalanes por la Constitución contra la colocación de un lazo amarillo en la fachada de la sede consistorial de la ciudad condal. La resolución judicial concluye que la ostentación de este símbolo *evidencia que la identificación del Ajuntament con una parte de los ciudadanos, administrados o vecinos del municipio, lo que conlleva es una discriminación respecto del resto de ciudadanos, administrados o vecinos e introduce una diferencia de trato entre grupos o categorías de personas, por razones ideológicas, que no tiene cabida en el art. 14 de nuestra Constitución.*

Cabe mencionar, asimismo, la sentencia del Tribunal Superior de Justicia de Cataluña de 28 de abril de 2021 (rec. 190/2019) que estimó el recurso interpuesto contra la actuación del Gobierno de la Generalitat de Catalunya consistente en la colocación en la fachada del Palau de la Generalitat de una pancarta que decía «libertad de los presos políticos y exiliados», en catalán y en inglés, con un lazo amarillo que acompañaba la citada leyenda. Dicha sentencia se remite, a su vez, a la sentencia del Tribunal Supremo de 28 de abril de 2016 que, si bien versa sobre la colocación de una bandera «estelada» contiene pronunciamientos igualmente aplicables al caso. Así, esta última resolución judicial afirma que *la objetividad y neutralidad de la Administración ha de vincularse necesariamente a los principios de legalidad e interdicción de la arbitrariedad (art. 9.3 CE) y 103.1 CE... Tal exigencia de neutralidad es incompatible con actuaciones institucionales «partidistas», alineadas con las pretensiones de un grupo de ciudadanos con inevitable exclusión del resto.* Indica también que es *notorio que la bandera «estelada» constituye un símbolo de la reivindicación independentista de una parte de los ciudadanos catalanes representados por una parte de los partidos políticos, y sistemáticamente empleado por aquellas fuerzas políticas que defienden esa opción independentista, pero carece de reconocimiento legal válido como símbolo oficial de ninguna Administración territorial, por lo que resulta obvio que su uso y exhibición por un poder público —en este caso de nivel municipal— solo puede ser calificado de partidista en cuanto asociado a una parte —por importante o relevante que sea— de la ciudadanía identificada con una determinada opción ideológica (aunque esta sea compartida por varios partidos o fuerzas electorales), pero no representativa del resto de los ciudadanos que no se alinean con esa opción, ni por consiguiente, con sus símbolos...*

De esta manera, se concluye que la actividad impugnada *supone la privatización del espacio público, de uso común, mediante su ocupación permanente por un elemento que representa una opción partidista, con vulneración de los principios de objetividad y neutralidad institucional.*

Podemos citar también la sentencia del Tribunal Supremo de 15 de marzo de 2021 (rec. 346/2019) que desestimó el recurso formulado por el Presidente de la Generalitat contra el acuerdo de la Junta Electoral Central por el que se impuso una sanción de multa por haber incurrido en la infracción tipificada en el art. 153 de la LOREG. En particular, se sancionó la exhibición, pública y notoria, de lazos amarillos y otros símbolos de carácter partidista en las fachadas de diferentes edificios y espacios públicos dependientes del Gobierno de la Generalitat de Cataluña, favoreciendo a algunas de las formaciones políticas que se presentaban a las elecciones generales, con el consiguiente quebrantamiento del principio de neutralidad que todo poder público debe respetar durante el proceso electoral.

Por último, y ya en el ámbito penal, puede mencionarse la sentencia del Tribunal Supremo (Penal) de 28 de septiembre de 2020 (rec. 203/2020) que confirma la sentencia de la Sala de lo Civil y Penal del Tribunal Superior de Justicia de Cataluña de 19 de diciembre de 2019, la cual condenó al entonces Presidente de la Generalitat por un delito de desobediencia (artículo 410.1 Código Penal[202]. El objeto del procedimiento fue la desobediencia reiterada a las órdenes de la Junta Electoral Central, un órgano constitucional cuya función es garantizar la transparencia y limpieza de los procesos electorales que exige la neutralidad de los poderes y Administraciones públicas. Las órdenes no atendidas requerían que, encontrándose en periodo electoral, se retirasen símbolos como lazos amarillos, esteladas y pancartas identificables con determinadas opciones políticas y eventuales candidaturas a las Cortes Generales.

---

202. Artículo 410.1 CP *Las autoridades o funcionarios públicos que se negaren abiertamente a dar el debido cumplimiento a resoluciones judiciales, decisiones u órdenes de la autoridad superior, dictadas dentro del ámbito de su respectiva competencia y revestidas de las formalidades legales, incurrirán en la pena de multa de tres a doce meses e inhabilitación especial para empleo o cargo público por tiempo de seis meses a dos años.*

CONCLUSIÓN

De lo hasta aquí narrado podemos concluir cuanto sigue.

La neutralidad administrativa ha sido considerada por la doctrina de dos maneras distintas: como «disponibilidad burocrática» o como «eficacia indiferente y objetiva».

La primera tesis se sustenta en el principio democrático (art.97 CE) e insiste en la necesidad de que la estructura administrativa esté siempre presta a ser empleada como herramienta para el cumplimiento del programa político del Ejecutivo. El aparato burocrático debe, en definitiva, permitir que en él permee por completo, sin fricciones ni objeciones, el plan de ruta del gobierno.

La segunda tesis descansa sobre el principio de legalidad (art.103 CE), la Administración debe servir, con imparcialidad, objetividad y eficacia, no al ejecutivo de turno, sino a los ciudadanos; y, para ello, deberá actuar movida por el interés general en el marco de la ley.

La jurisprudencia, por su parte, no ha definido específicamente el término neutralidad administrativa pero parece haberlo asociado a las nociones de:

— «Interés general», entendido como concepto jurídico indeterminado cuya concreción requerirá de una operación intelectiva ad hoc.

— «Objetividad e imparcialidad», concebidas respectivamente como fidelidad a la voluntad de la ley y desprendimiento de las cargas de juicio personales.

— «Lealtad institucional», considerada como respeto y confianza mutua en la palabra dada, en el acuerdo previamente alcanzado.

La jurisprudencia ha insistido, también, en que las instituciones carecen del derecho a la libertad de expresión y que la neutralidad administrativa es un deber que adquiere una especial intensidad en periodo electoral.

Sentado lo anterior, es preciso admitir que la neutralidad administrativa como eficacia indiferente y objetiva parte de la premisa de que Ejecutivo y Administración son dos realidades distintas que, aun cuando deban cooperar, no pueden ser confundidas; no pueden, en resumidas cuentas, dar lugar a una completa mixtura entre ambas.

De esta forma, el personal y los medios administrativos serán el vehículo que haga tangibles las iniciativas políticas del Gobierno siempre y cuando se actúe en pro del interés común y dentro de los límites que marca el ordenamiento jurídico. Dicho de otro modo, la estructura administrativa coadyuva a la consecución de objetivos gubernativos pero sin ser un mero apéndice del Ejecutivo.

Ahora bien, trazar la frontera entre una cosa y la otra no siempre es sencillo; debemos admitir que, en ocasiones, la línea divisoria entre ambas es porosa. Distintos parámetros nos pueden ayudar a delimitar estas dos realidades:

— La distinta legitimidad con la que operan y que debe sustentar su actuación (democrática en el caso del Ejecutivo, y de dependencia legal y saber profesionalizado en el caso de la Administración).

— Las personas que nutren uno y otro ámbito y la vía a través de la cual acceden a él (altos cargos por un cauce marcadamente político fruto, en última instancia, de unas elecciones democráticas; y, por el contrario, empleados públicos por la superación de procesos selectivos conforme a los principios de mérito y capacidad).

— Las funciones que les son encomendadas (actividad político-directiva consistente en el establecimiento de prioridades de acción, en la toma de grandes decisiones de Estado, en un obrar innovador o creador, para el caso del Ejecutivo; o una actividad burocrático-dirigida de la Administración, de realización práctica de los intereses colectivos en relación directa, constante y ordinaria con los ciudadanos).

La distinción desde la funciones nos conduce, inevitablemente, a la dicotomía acto político-acto administrativo y, muy especialmente, al dispar régimen de control al que están sometidos cada uno de ellos.

De esta manera, el acto administrativo será objeto de fiscalización judicial plena al albur del art.106.1 CE y art.1.1 LJCA, y sin perjuicio, claro está, de las particularidades que plantea la supervisión del ejercicio de potestades administrativas discrecionales.

El control de los actos políticos será eminentemente parlamentario si bien ciertos extremos —extraordinariamente acotados— podrán ser fiscalizados por los tribunales. Dichos extremos serán la eventual vulneración de derechos fundamentales (arts. 53.2 y 161.1.b CE, arts. 2.uno.b y 41 y ss. LOTC y art. 2.a LJCA), los elementos reglados del acto y la determinación de las indemnizaciones que fueran procedentes (art.2.a LJCA).

El mapa de situación que acabamos de dibujar adquiere una especial significación en lo tocante a la utilización de símbolos en espacios institucionales. Tales símbolos no dejan de ser la forma en la que el poder se presenta frente a la comunidad y de ellos puede desprenderse una aproximación igualitaria a los ciudadanos o, por el contrario, un injustificado tratamiento asimétrico.

En todo caso, la colocación de símbolos no oficiales exige que la actuación:

1º. Esté amparada en una potestad conferida al poder público con carácter previo por una norma. Lo contrario desembocaría en un obrar administrativo huérfano de toda competencia y, por consiguiente, realizado en vía de hecho.

2º. Sea respetuosa con las normas vigentes que pudieran resultar aplicables (la ley de banderas, por ejemplo).

3º. Esté orientada a la consecución del interés general.

4º. Sea objetiva e imparcial.

5º. Guarde la debida lealtad institucional.

BIBLIOGRAFÍA

ACKERMAN, B. Why dialogue?. *The journal of Philosophy*. Vol. LXXXVI. No.1, January 1989.

ALEGRE MARTÍNEZ, M. A., Los símbolos políticos: su entidad cultural, representativa e integradora. https://buleria.unileon.es/handle/10612/1124

ALEGRE MARTÍNEZ, M. A., Los símbolos en la teoría política de Manuel García Pelayo: un modo de expresión de la conciencia mítica, en *UNED Revista de Derecho Político* n° 75-76. Mayo-diciembre 2009.

ATILLI, A. La ineludibilidad de lo político. Muerte y resurrección del Leviatán en Carl Schmitt. *Isonomía* n°21. Octubre 2004.

ATTILI, A. *Decisión y neutralidad en lo político schmittiano*. Avances. Coloquio de Doctorados de Filosofía. PADEP DIVISIONES, 1996.

BELDA, E. Elementos simbólicos de la Constitución Española. La protección del uso de los símbolos por las personas y las instituciones. *Revista Española de Derecho Constitucional* n°117. Septiembre-diciembre 2019.

BÖCKENFÖRDE, E. W., *La formazione dello Stato come proceso di secolarizzazione*, Morcelliana, 2006.

CARRERAS I SERRA, F. *Funciones constitucionales y actos del Gobierno*, en Parejo Alfonso, L. (dir) Estudios Sobre el Gobierno. Seminario sobre el proyecto de Ley Reguladora del Gobierno, Universidad Carlos III-BOE, Madrid 1996.

CARRO FERNÁNDEZ-VALMAYOR, J. L. Sobre la potestad autonómica de autoorganización, *REDA* n° 71, 1991.

CATALÀ I BAS, A. H. Libertad de expresión y poderes públicos en la jurisprudencia del TEDH. Su recepción por el TC. *Revista de Administración Pública* n°156. Septiembre-diciembre 2001.

CONSTANT, B., Una Constitución para la República de los Modernos (Fragmentos de una obra abandonada sobre la posibilidad de una Constitución Republicana en un gran país). Madrid, 2013.

CHINCHILLA MARÍN, C. *Desviación de poder.* Thomson Civitas, 2004.

DELGADO PARRA, M. C. El criterio amigo-enemigo en Carl Schmitt. El concepto de lo político como una noción ubicua y desterritorializada. *Cuaderno de materiales*, n°23, 2011.

DE MIGUEL BÁRCENA, J. y TAJADURA TEJADA. J. *Kelsen versus Schmitt. Política y derecho en la crisis del constitucionalismo.* Guillermo Escolar editor, 2018.

DEL REAL ALCALÁ, J. A. La dualidad amigo-enemigo en el propio contexto de Carl Schmitt. *AFD*, 2015.

EMBID IRUJO, A. *La justiciabilidad de los actos de gobierno (de los actos políticos a la responsabilidad de los poderes públicos)* en: VV.AA. Estudios Sobre la Constitución Española. Homenaje el Profesor Eduardo García de Enterría, Civitas. Madrid, 1991.

FERNÁNDEZ-ESPINAR, L. C. El control judicial de la discrecionalidad administrativa, la necesaria revisión de la construcción dogmática del mito de la discrecionalidad y su control. *Revista Jurídica de Castilla y León*, n° 26. Enero 2012.

GADAMER, H. G. *Verdad y método*, I. Editorial Sígueme, 2017.

GAUCHET, M., *Le désenchantement du monde. Une histoire politique de la religión*, Paris. Gallimard, 1985.

GAMBRA, R. *La monarquía social y representativa en el pensamiento tradicional*, Rialp 1954.

GARCÍA COSTA, M. Delimitación conceptual del principio de objetividad: objetividad, neutralidad e imparcialidad. *Revista Documentación Administrativa* n°289 enero-abril 2011.

GARCÍA DE ENTERRÍA. E Y FERNÁNDEZ, T. R. *Curso de Derecho Administrativo. T. I*, 8ª ed. Ovitas, Madrid 1998.

GARCÍA DE ENTERRIA Y FERNÁNDEZ, T. R. *Curso de derecho administrativo*. 4ª ed. Civitas, Madrid 1983.

GARCÍA DE ENTERRÍA, E. *Democracia, jueces y control de la Administración*. Civitas, 1995.

GARCIA DE ENTERRÍA, E. *La lucha contra las inmunidades del poder en el derecho administrativo (poderes discrecionales, poderes de gobierno, poderes normativos)* https://dialnet.unirioja.es › descarga › articulo.

GARCÍA LLOVET, E. Control del acto político y garantía de los derechos fundamentales. El derecho a un proceso sin dilaciones indebidas. A propósito de la STC 45/1990, de 15 de marzo. *Revista Española de Derecho Constitucional*. Año 12. Núm. 36. Septiembre-Diciembre 1992.

GARCÍA MERCADAL Y GARCÍA-LOYGORRI. F, *Los símbolos políticos, el ceremonial y las distinciones oficiales del Reino de España*. Dykinson, 2019.

GARCÍA NIETO, A. *La Administración sirve con objetividad a los intereses generales*, en Estudios sobre la CE. Homenaje al profesor Eduardo García de Enterría. Civitas, 1991.

GARCÍA PELAYO, M. *Mitos y símbolos políticos*, Taurus Ediciones S.A., 1964.

GARRETA LECLERQ, M. Neutralidad estatal, perfeccionismo indirecto y falibilismo moral. *Dianoia*, Volumen LI, nº56. Mayo 2006.

GARRIDO FALLA, F. *Comentarios a la Constitución*, Civitas. Madrid, 1985.

GONZÁLEZ-TABLAS SASTRE, R (coord.) *La filosofía del derecho en perspectiva histórica*. Universidad de Sevilla Secretariado de Publicaciones, 2009.

GUTIÉRREZ, F. Poder y democracia en Claude Lefort. *Revista de Ciencia Política*, volumen 31 nº2. Santiago de Chile, 2011.

JIMÉNEZ ASENSIO, R. Dirección de la Administración Pública como función del Gobierno. *R.V.A.P* núm. 34 (II), 1992.

JIMÉNEZ ASENSIO, R. *Comentario a la Constitución Española*. 40 aniversario. Coordinadora Montesinos Padilla, C. Tirant lo Blanc, 2018.

KANT. I, *Kant's Werke*, Akademie Textausgabe, Berlin, Band V, 1908.

KÉRVEGAN, J. F, *¿Qué hacemos con Schmitt?* Escolar y Mayo Editores. Madrid, 2013.

LARMORE, CH. *The morals of Modernity*. Cambridge University Press 1996.

LEFORT, C. *Democracia y representación*. Prometeo Libros. Buenos Aires, 2011.

LÓPEZ CALERA, N. El interés público, entre la ideología y el derecho. *Anales de la Cátedra Francisco Suárez 44,* 2010.

LÓPEZ PEÑA, E. L. *El dilema del interés público en el derecho administrativo,* Thomson Reuters Aranzadi, 2018.

MAQUIAVELO, N. *El Príncipe,* elaleph.com.

MARCHECO ACUÑA, B, El control jurisdiccional de los actos políticos del Gobierno en el derecho español. *Revista Internacional de Estudios de Derecho Procesal y Arbitraje* nº2, 2015

MARTÍNEZ NIETO, A. Control judicial de políticas públicas. Comentarios al Proyecto de Ley de la Jurisdicción Contencioso Administrativa, *revista La Ley nº 4387.* Octubre 1997.

MARTÍNEZ OTERO, J. M, Qué se puede y qué no se puede colgar en un balcón consistorial. A vueltas con la exhibición de símbolos en espacios públicos institucionales y el pretendido deber de neutralidad de la Administración. *REALA Nueva Época* nº15 abril 2021.

MARTÍN REBOLLO, L. El control jurisdiccional de las Administraciones Públicas: la reforma del contencioso-administrativo. *Anuario jurídico de La Rioja,* ISSN 1135-7096 Nº 1, 1995.

MELERO DE LA TORRE, M. C. *Rawls y la sociedad liberal.* Plaza y Valdés Editores, 2010.

MOLINA, E. Claude Lefort: democracia y crítica del totalitarismo. *Enrahonar. Quadrens de Filosofía* 48, 2012.

MORANGE, C. *En los orígenes del moderantismo decimonónico. El censor (1820-1822): promotores, doctrina e índice.* Ediciones Universidad Salamanca, 2019.

MORELL OCAÑA, L. La objetividad de la Administración Pública y otros componentes de la ética de la institución. *Revista Española de Derecho Administrativo* nº 111. Julio-septiembre 2001

MORELL OCAÑA, L. *El principio de objetividad en la actuación de la Administración Pública.* La protección jurídica del ciudadano. Procedimiento administrativo y garantía jurisdiccional. Editorial Civitas S.A., 1993

MORELL OCAÑA, L. Lealtad y otros componentes de la ética institucional de la Administración. *Revista Española de Derecho Administrativo*, n° 114. Abril-junio 2002

MORELL OCAÑA, L. *El sistema de la confianza política en la Administración Pública*. Civitas, 1994.

MUÑOZ MACHADO, S. *Tratado de Derecho Administrativo y Derecho Público General. Tomo V*. p. 37 Agencia Estatal BOE, 2015.

ORTEGA ÁLVAREZ, L. Prólogo, en Garrido Cuenca, N. *El acto de Gobierno*, Cedecs Editorial, Barcelona 1998

ORTEGA Y GASSET, J. *La pedagogía social como programa político*, en *Obras Completas*, Alianza Editorial & Revista de Occidente, Madrid 1983.

PAREDES LOVÓN, J. F. *Manual práctico de Filosofía del Derecho*. Bosch editor, 2020.

PAREJO ALFONSO, L. El Gobierno de la Nación y los Gobiernos de las Autonomías, *Documentación Administrativa*, No. 188 1980.

PÉREZ ALONSO, J. *La monarquía en la historia constitucional europea. Una reflexión y siete estudios*. In Itinere Editorial Digital, 2019.

RAWLS, J. *Liberalismo político*. Fondo de cultura económica, México 1995.

RAWLS, J., The Idea of Public Reason Revisited. *The University of Chicago Law Review*. 64, 1997.

RAWLS, J. *Teoría de la Justicia*. Fondo de cultura económica, México 1979.

RICOEUR, P., *Structure et hermenéutique, en Le conflit des interprétations. Essais d'hermenéutique*. París, Seuil, 1969.

RIDAO MARTÍN, J. *La libertad de expresión y sus conflictos en el espacio público*. Thomson Reuters Aranzadi, 2019.

RODRÍGUEZ ARANA, J. *Interés general, derecho administrativo y Estado del bienestar*. Iustel, 2012.

ROSALES, J. M. Patriotismo constitucional: sobre el significado de la lealtad política republicana. *ISEGORÍA 20/1999*.

ROSANVALLON, P. *La legitimidad democrática*. Ediciones Paidós Ibérica, 2010

SANTAMARÍA PASTOR, J. A *Fundamentos de Derecho Administrativo*, Editorial Centro de Estudios Ramón Areces, Madrid 1991.

SANTAMARÍA PASTOR, J. A. Gobierno y Administración. Una reflexión preliminar, *Documentación Administrativa*, No. 188, 1980

SCHMITT, C. *El concepto de lo político*. Alianza Editorial, Madrid 1991.

SCHMITT, C. *Legalidad y legitimidad*. Comares Editorial, Granada 2006.

SCHMITT, C. *El Leviatán en la doctrina del Estado de Thomas Hobbes*. Biblioteca de Ética, Filosofía del Derecho y Política. Distribuciones Fontamara S.A. México, 2008.

SOLOZÁBAL, J. J. *Artículo 4* en Comentarios a la Constitución Española, Fundación Wolters Kluwer. https://www.boe.es/biblioteca_juridica/abrir_pdf.php?id=PUB-PB-2018-94_1.

SPERBER, D., *El símbolo en general*. Editorial Anthropos. Barcelona, 1998.

STERNBERGER, D. Patriotismo constitucional. *Serie de teoría jurídica y filosofía del derecho n°19* Universidad Externado de Colombia, 2001.

STRAEHLE, E. *Claude Lefort: la inquietud de la política*. Editorial Gedisa, 2017.

TRONCOSO REIGADA, A., La bandera y la capitalidad, *UNED Revista de Derecho Político* n° 103. Septiembre-diciembre 2018.

VARELA SUANZES, J. La monarquía en el pensamiento de Benjamin Constant (Inglaterra como modelo). *Revista del Centro de Estudios Constitucionales* n° 10. Septiembre-Diciembre 1991.

VÁZQUEZ ALONSO, V. La neutralidad del Estado y el problema del *government speech*. *Revista de Estudios Políticos* n° 177, julio-septiembre 2017

VERNANT, J. P., *Atravesar fronteras. Entre mito y política II*. Fondo de Cultura Económica de Argentina, 2008.

VERNET I LLOBET, J., Símbolos y fiestas nacionales en España, en UNED. *Teoría y Realidad Constitucional* núm. 12-13, semestre 2003-1er semestre 2004.

YABEN PERAL, M. en *El deber de imparcialidad en el ejercicio de la función pública*. Bosch Administrativo, 2015.